Jörg Wickram, Sigmund Feyerabend

Der Rollwagen

Jörg Wickram, Sigmund Feyerabend

Der Rollwagen

ISBN/EAN: 9783337215941

Hergestellt in Europa, USA, Kanada, Australien, Japan

Cover: Foto ©Thomas Meinert / pixelio.de

Weitere Bücher finden Sie auf **www.hansebooks.com**

Der Rollwagen.

Ein hübsch / lustig / vnd kurtzweilig Büchlin / darin viel güter Schwenck vnd Historien / von allerhandt frölichem Gespräch / Schimpffreden / Speywerck vnd Bossen begriffen / Auff den Rollwägen / oder in Schiffen / die langweilige zeit vnnd vnmůth damit zů vertreiben / in drey vnterschiedliche theil abgetheilt. Jetzt von newem vbersehen / gemehrt / auch mit schönen figuren geziert / sampt einem ordenlichen Register.

Franckfurt am Mayn / M. D. LXV.

IOAN. FICHARDI V.I.D.
An. 1565.

Zum gůtigen Leser.

ES ist von alter her / freundtlicher Leser / ein Sprichwort vnter vielen gewesen / wann man etwann schampare vnd schendtliche wort geredt / hat man gesagt: Stilla můtz / diß gehört auff den Rollwagē oder ins Schiff / welches meines beduncken nit sehr wol gesprochen gewesen / dieweil sich zů viel malen zůtregt / das züchtige / erbare Weiber / ja auch Jungfrawen auff Wagen oder Schiff faren / deren man gar wenig verschonē thůt. Dann man findet solche ruchlose leuth / wenn sie beyweilen schon abgestäubt werden / sagen sie / Hey sie haben doch schůh oder stifel an / sie verstehens nicht/faren also mit jren schendtlichen groben zoten für/wenig dencken an die wort CHristi/ Matth. am 18. Wer aber ergert dieser geringsten einen so an mich glauben/den wer besser/das jm ein mülsteyn an seinen halß gehenckt wer/ vñ würd in die tieffe des Meers versencket. Vnd weiter spricht er: Es müß ja ergernuß komen/aber wehe dem Menschen/durch welchen ergernuß kompt. Nün ist je solchs ein sondere grosse ergernuß/wo mā vor züchtigen Personen/solche vnnütze wort vbet/dieweil mā aber an solchen orten/sich dañoch auch mit kurtzweiligem gespräch ergetzē müß/hab ich ewer aller gunst vnd liebe allhie ein kurtzweiligs büchlin für augen gestellt/in welchem jhr nicht wenig kurtz-

kurtzweilig vnd schimpfliche schwen-
cke vernemmen werdet/ in welchem
sich niemand ergeren wirdt. Bitt
hiemit ewer gunst vnnd lieb / wo es
sich zůtrieg / das etwann einer oder
eine getroffen / wölt ewer farb im
angesicht nit verstellen / sonst werd
jr von menniglichen in argwon ver-
dacht/ vñ würd man sagen / Wenn
man vnter die hund wirfft/ schreyet
keiner / dañ welcher getroffen wirt.
Beware dich GOtt freundtlicher
Leser.

Dein allzeit williger
Georg Wickgramm.

Von einem Doctor der sich zů Venedig vnterstund/ eines Hauptmans Bůlschafft zů- beschlaffen/ aber es feh- let jhm heßlich.

ZV Venedig was ein Doctor/ het ein grossen buckel/ war ein klein person/ der wer gern bey einer Kor- disana gelegen/ vnnd macht mit einer Riffianerin sein practick/ verhieß jr ein verehrung zůschencken/ nů es kam der- selbigen Kordisanerin für/ wie das klei- ne Done Doctorlein gern bey jhr möcht sein/ vnnd jhr grosse verheyssung ließ thůn/ zeyget sie jrem Hauptmann solche sach an / wie einer verhanden wer / wo er jhr wolt erlauben/ darauff sie hundert kronen balt zůbekom̃en/ auff solche bitt vñ anhalten/ wurd es jr erlaubt / doch das sie vor allen dingen/ das gelt von ersten auff die sach bekem / nů sie ließ dem Doctor solches anzeygen / wo er jhr wolte halten/ nach zůsage der alten Frawen/ so wer sie zůfrieden / jhr Capitan wolte vmb des wegen/so er jr hundert kronen wolt abona konda geben / so solt er morgen zůnacht kom̃en/ vñ jr lassen ein Sesterol heymtragē/ wolt sie es lassen auff das best zůrichten / das geschahe baldt/ sie ließ es auffs herꝛlichst bereyten/ da es nů schier zeit sein/der gůt Doctor gieng vorm hauß hin vnd wider/ verlangt jm sehr/ man ließ jhn auffs letzte hinein/ er warde schön empfangen / die Madona begert/das er jr solt geben das gelt/ das thete der Doctor baldt / dann sein hertz fuhr jm auff dem schlidten/ bedacht das ende nicht. Jn Summa der Doctor zo-

ge sich ab biß auff die hosen vnd wam-
mes/meynet die sach hett er gewonnen/
in dem so klopfft d Capitan am hauß an
gar ernstlich / die Madona laufft zům
Doctor/vñ spricht garo signor Doctor/
mein Herr komt/wie sol ich alle mein sa-
che thůn/ wo er euch wirt vernemē/műs
sen wir beyde sterben / Dem gůten Do-
ctor wirdt so angst/das er begert/sie sol
jn hinthůn wo sie wil/er möcht leiden er
wer wider daheym / sie zeygt jm ein ka-
sten/ vnd thet jhn hinein/ in dem kompt
der Hauptmañ/ mit seinen Dienern hin
auff inn die kamer / vnnd stellt sich gar
grausam vber die Madona/ vnd begert
sie soll jhm sagen/ warumb sie jn so lang
vor der thűr hett lassen stehn/auch was
bedeut das der Bratspieß also wol ge-
schmückt sey/ da wöll er nit weichen/ er
wöll wissen wie es zůgieng / Di Kordi-
sanerin bitt jn/er sol doch nicht so thůn/
sie weyß von nicht / Jn summa der Ca-
pitan spricht zů seinen Dienern / sie sol-
len die spallirn vnd kästen alles nemen/
vnd die stieg hinab werffen / er habs der
Hůr n kaufft / darumb so wöll ers jr wi-
der

der nemen / die diener die thůn nach geheyß des Patrons / vñ namen ein thruẽ nach der andern / vñ stellen sich als wolten sie alles das binden mit strickẽ / vnd komen auff die thruen da der arme Doctor ist gesteckt / der ward vor schrecken halb todt / dieselbig Thruen nemmen sie vnd bindens mit stricken wol zů / vnnd werffens die stiegen hinab / vnnd gehen heßlich darmit vmb / vnd auffs letzt legen sie die Thruen in ein Gundelle / vnd führens die gantze nacht inn der Stadt vmb / biß der tag an wil fahen / faren sie vors Doctors Vatters hauß / der ware ein seidenferber / klopfftẽ sie hefftig an / der gůt alte Vatter erschrickt vnd komt herab / fragt / was das bedeut / zeygen sie an / da wer ein wahr inn dem kasten / die wer Kondre bando / die solte er nemen / vñ ein ander mal besser auffheben / sonst würd es vbler zůgehen / der gůt Vatter erschrack / vñ wolts in keinen weg nicht annemen / dann er wust nicht / was für ein wahr im kasten steckt / also schleyfften sie den kasten ins hauß / vnd führen dauon. Da nůn der Vatter die Thruen aufftheт/ fandt er seinen gůten Doctor darinn / wes jhm nit viel fehlt / dann er wer todt / ließ jn hin auff in ein kammer tragen vnd sein auffs beste warten. Da nůn der Doctor wider zů jm kam/ zeygt er die sach an/ wie es jm gangen wer/ vñ er kundt wol gedencken / es wer ein angelegte sach/ doch dorfft er nicht sagen/ das er darzů vmb die hundert kronen auch kommen wer / Also bekam die Hůr das gelt/ vnd blieb der Capitan als gůt wie er vor auch war / wie dem Doctor vmb sein hertz in der Thruen ist gewest/ laß ich ein jedes bey jhm selbs erkennen/ doch sol es denen also gehen / die alle löcher wöllen außsuppen.

Von einem Scherer/ der einer Dorffrawen einen Dorn auß einem fůß zohe.

ES begabe sich auff ein zeit zů Basel in der kleinē Statt/ da kam ein bäwrin zů einem Scherer/ die hette an einen grossen Dorn getretten/ die bath den Scherer mit weynenden augen/

augen/vnd sprach: Ach mein lieber meister/ich bitt euch durch Gottes vnd des gelts willen/kommet mir zů hülff. Da sprach der Scherer: Liebe fraw/wie ist euch geschehen? Da sprach die Bäwrin: Ach mein lieber meister/ich gieng gesteren mit meinem Hansen in den Waldt/

vnd hab jhm helffen scheyter laden/vnd mich also vbel geletzet an einem Dorn. Da sprach der Scherer: Ach liebe fraw sitzet da nider auff das küssen/so wil ich euch geschwind geholffen haben. Vnd in dem wie er jr zůhülff wil kommen mit einem Instrument/so lest die gůt Fraw

ein

ein grossen mechtigen furtz/ von angst vnd not. Da sprach der Meister/ Oho/ der ist herauß. Da meynt die gůt fraw/ er hette den Dorn gemeynt. Geschwind sprach die Båwrin: Ach keuwet jn/ vnd bindet jhn darüber/ so schwirt es nicht. Da sprach der Scherer/ Keuwe jhn der Teuffel an meiner stat. Da meynet aber die Båwrin/ er hette den dorn gemeint/ so meynt er den furtz.

Von einem der sein schult beichtet.

IM Schweitzerland zů Lucern ist es in der Fasten beschehē/ so jederman beichten můß/ das auch allda vngeferd gewercket hat ein junger freudiger gesell mit namen H. R. E. Zů demselbigen spricht sein meister: Es ist der brauch allhie/ das jederman můß beichten/ darumb so schicke dich auch darzů. Welcher antwortet: Dz wil ich thůn/ Meister. Vnd geht in dem hin gehn beichten. Als er nůn für den Pfaffen sen nider knyet / spricht er: Herr ich gib mich schuldig / vnnd schweygt darmit. Der Pfaff spricht: Sag weiter. Er beichtet / Ich bin dem Würt zůr Kronen anderthalben gulden schuldig / die ich allda verzehret hab. Weiter dem Würt zů dem Löwen ein gulden / dem Würt zům Salmen zwölff batzen. Nach dem besiñt er sich / wo er mehr schuldig sey. So spricht der Pfaff: Kanst auch betten? Antwort er / Neyn. Spricht der Pfaff / Das ist böß. Antwort der da beichtet / Darumb hab ichs nicht wöllen lernen. Der Pfaff schandlechlet / vnnd sprach: Weß bistu? Er antwortet / Meins Vatters. Der Pfaff sprach: Wie heyst dein Vatter? Er antwortet / Wie ich. Der Pfaff sprach / Wie heyst du? Er gab antwort / Wie mein Vatter. Der Pfaff fraget jn herwider / Wie heyssen jr alle beyde? Er antwortet / Einer wie der ander. Der Pfaff / wiewol er ergrimmet was / spricht dannoch sanfftmütiglich gegen dem Jüngling / gehe hin / ich kan nichts mit dir schaffen.

Das Rollwagen

Von einem Knäblin/das meisterlich keglen kundt/was aber noch zů jung zům lernen betten.

ES kam in eins Herrn Würtshauß geritten/ ein reicher Kauffherr / ein stund oder zwo vor dem nachtessen / vnd als er jm die stiffel hett lassen außziehen/spricht der Würt zům Kauffmañ: Herr gast last vns ein wenig spatzirn gehn/es ist doch noch zů frůe zů nacht zůessen. Als balt erhört das Hänßle/des Würts sönle/růfft er: Vatter last vns keglen. Der vatter antwortet: Laß sehē mein bůble was kanst (damit wolt er dem Herrn die weil kürtzē.) Das bůble satzt die kegel auff/ kundts auch meisterlich vmbwerffen / baß dañ der Vatter selbst / ließ auch zů zeiten ein schwůr darmit lauffen/welchs dem vatter alles wol gefiel. Der Kauffherr gedacht / der wirt wol geratē(wie mā spricht) Doch zů letzt kundt er sich nit vberheben/ vnd můst dem Würt ein pfeil schiessen / vnd spricht:

spricht: Herr würt/wie alt ist ewer büb-
le? es kan baß keglen dañ kein alter. Der
würt antwort: Er geht erst in das eylff
te jar. Der Kauffherr fragt jhn weiter/
Kan er auch betten? Antwortet der
Würt/Was solt er können betten/er ist
noch ein kindt. Vnd der Kauffherr lech-
let in jhm selbs/gedacht daneben/Kan
das büble schweren/vnd so wol keglen/
ist aber noch zů jung zů lernen betten.
Ach du schnöde Welt/wie bist du doch
so blind/vñ zeuchst deine kind so schend
lich. Hette das der Würt von einem an-
dern gesehen/hetts kõnen mercken/vnd
den straffen/aber gegẽ seinem kind was
er sehend blind.

Von Herr Hansen der Würst trůge im sack/vnd wolt Meß halten.

ES war ein mal ein Pfaff im Fricktal/der hieß Herr Hans/der gieng vmb S. Martins tag/vnd wolt Meß halten. Als er aber durch die Dörffer gieng (wie es dañ ein Dorff an dem

dem andern hat) vnd es eben in der zeit was/das die Bawren die schwein metzgen oder schlachten/ so kompt er inn ein Dorff/ da ein Bäwrin gemetzget hat/ die rüfft dem Pfaffen hinzů/ vñ sprach: Herr Hans/ Herr Hans/ kompt vnd ne-

met da die Wurst/ dann ich hab die beste saw gemetzget/ so ich im stall gehabt hab. Da sprach Herr Hans: Ach mein liebe Fraw ich hab nichts darinn ich sie trag. Da gab die Bäwrin dem Pfaffen ein leiniß secklin/ vnd thet jm die Würst darein. Also nam der Pfaff das secklin mit den Würsten/ vnnd steckt es hinden

auff

auff den rucken vnter den gürtel / gehet damit sein straß / seine Bawren zů versehen / vnd Mess zů halten. Als er nůn vber den Altar komt / vnd es an der zeit was / das er eleuieren oder den Herrgott auffheben solt / kompt der Sigrist von hinden zů / vnnd wil jhm die Alb auffheben. In dem ers aber also auffhebt / vermeynt der gůt Herr es sey ein hund / vnd schmecke jhm nach den würsten / vnnd gedenckt nit mehr nach den Sigristen / der hinder jm knyet / stoßt derhalben mit dem einen fůß / vnd trifft den Sigristen an halß / das er vier staffeln herund fiel / dañ er vermeynet es wer ein hund / vnd wolt jhm die Würst fressen. Da lieffen die Bawren zů / vnd meynten der Sigrist hette den hinfallenden siechtagen / so stieß jn aber der Pfaff also vbel / ꝛc.

Von einem Trum̃enschlager / dem etlich Wolff nacheylten / er aber mit seiner trummen fiel.

IN vielen Dörfferen ist der brauch/das die Bawren bey einander sind vmb Sanct Martins tag/ wenn der liebe heilig S. Schweinhardus im leych ist/ vnter den Bawren zů denselben zeiten/ dann das bey jhnen weret biß Faßnacht/ꝛc. Auff ein zeit begab es sich/das ein Trummenschlager ein zeitlang bey jnen gewesen was/vnd die Bawren hette leichtsinnig gemacht/ vnnd es nůn zeit war/das er solt wider heym gehen. Als er nůn sich mit seiner Trummen auff dem wege heymwertz machet/ begegneten jm etliche Wölff/welche jm nacheylten/ vnd gern gessen hetten/dann sie gar hungerig waren/vnnd jm auff dem fůß nachfolgtē/ er aber für vn̄ für hindersich sahe/vn̄ forcht sie würden jn zerreissen. Vnnd in dem als er so hindersich sihet/so fellt er vber ein alten stock mit der Trummen/das die Trummen wider vom Erdtrich auffsprang/ein groß geschrey vnd getümel macht/das die Wölff vō dem geschrey erschracken/vnd lieffen wider hindersich gegen dem Wald zů. Da das der Trummen-

schlager

schlager ersahe/das sie von dem gedön erschracken/erfasset er sein Trummen/vnnd nimpt die schlegel zů seinen henden/vnd schlegt auff die Trummen wie tausent teuffel/vnd jaget also die Wölff im Wald herumb mit grossen freuden/die er dañ von dem fall auß forcht vberkam/das die Wölff von jm wichen.

Von einem geschwinden jungen gesellen/der einen löffel mit silber beschlagen/in bůsen stieß/damit er einen gestolnen löffel herfür bracht.

IN einem gůten maal waren versamlet etlich seltzame knaben/die den Würt dapffer hiessen auff tragen/vnd zechten redlich. Nůn in aller zech einer vnter jhnen stoßt ein löffel mit silber beschlagen heimlicher weiß in bůsen/damit er der zech halben nicht zů thewer kem. Welches einer vnter jnen ersehē/stößt auch einē in bůsen. Als man nůn schier gessen hatt/vnd der Würtß=

knecht die löffel auffhůb / brachte ers dem Würt / welcher spricht: Es manglen zwen löffel. Vnd geht damit in die stuben. So der nachgender / der auch ein löffel in bůsen gehalten hat / den Würt erblickt / gedencket er / er wirdt die löffel fordern / vnnd zeucht den seinen herfür blößlich / das man den silbern stiel kunt sehē. Als der würt bey dem den löffel ersihet / geht er herzů / vnnd reißt jn herfür / spricht: Find ich dich da. Der den löffel hat gehebt / antwortet: Ists einem andern recht / so ists mir auch recht / vnnd zeyget damit auff den / der von erstē stelens halben einen in bůsen hat geschoben. Vnnd werden also dem Würt die löffel wider / vñ bleibt auch der / der den löffel von ersten verschoben hat / vngeschmächt.

Von einem Reuter / der seinen hund auch an das beth legt.

GEn Wesen im Oberland gegen der nacht ist komen ein Reuter in ter in ein Würtßhauß / der den gantzen tag von wegen des wetters hat müssen durchs katt reuten / welcher bey jm hat ein grossen zotteten vogelhund/der sehr beschiessen was. Als man zů nacht aß/ warff der Reuter zům dickeren mal seinem Hund zů / etwan ein stuck Brots/ etwan ein bissen abschätzigs Fleyschs/ etwan ein beyn. So das der Würt ersihet/gedenckt er bey jhm selbst/Jch wil dir die zech wol machen. Nach dem sie gessen hatten/vnd der Würt von jedem gast die zech eingenom̃en/ spricht er zů dem Reuter: Herꝛ gast/jr müst zwo zech geben/eine für euch/ vnd eine für ewern Hund/ dann jr habt jm wol so viel zůher geworffen / brot / fleysch/ vnnd anders. Der Reuter lechlet vñ antwortet: Was ich thůn můß/dz wil ich gern thůn. Vnd gab dem würt die zwo zech vier schweitzer batzen. Als nůn der Würt jederman hat nider gewisen / führt er den Reuter in ein besondere herꝛliche schlaffkam̃er/ darinnen zwey schöne beth stunden/gedacht/Er hat die ürten wol bezalt/wilt jhm auch ein ehr anthůn/vnd in ein gůt beth legen/ vnnd wündscht hiemit dem Reuter ein güte nacht. Der Reuter nit vngeschwind/ rüfft seim zotteten hund/ vñ legt jn an das leer beth also beschiessen. Gedacht/ hab ich die zech für dich müssen geben/ solt billich auch wol liegen. Der hund (wie dann jr gewonheit ist) zerscharret das beth/ vnd machet jm ein lager. Morgens so der Reuter was auffgestanden/ vnd die Haußmagd das beth solt machen was es gar geschendt. Der Würt vernimpt das/ vnd verklagt den Reuter vor der Oberkeit/ er soll jm das beth bezalen. Der Reuter erzalet der Oberkeit/ wie er für den Hund hett müssen die ürten zween batzen bezalen/ so were es je billich/ das er auch wol lege. Die Richter lacheten zü dieser sach/ vnd erkannten den Reuter ledig/ striessen darneben den würt/ das er keinem Hund in der gestalt solte die zech machen.

Von dem Narren im Sack.

Der

DEr Churfürst zů Sachssen het einen Narrē / der hieß Claus / der hat auff ein zeit etwas mißhandelt / deßhalben die Hertzogin zů jm kam / vnnd sprach / O lieber Claus / du weyßt wol was du gethan hast / ich be-

sorg es werde dir vbel gehen / dann der Fürst hat dir gedrowet / vnnd er wölle dich lassen hencken / da helffe nichts dar für. Der gůt Claus Narr erschrack so vbel / das er schier inn die hosen hoffieret / das merckt nůn die Fürstin / vñ gedacht die sach wirdt sich recht schicken (dann es ein angelegter handel / vnd darumb

 angefangen

angefangen was.) Deßhalben sagt die Fürstin weiter / o lieber Claus so du mir folgen wilt / vñ thůn was ich dich heyssen würd / so wil ich dir daruon helffen. Der Narr was fro / vnnd verhieß jr / er wölte folgen. Da hett sie ein Edelmann darzů bestellt / der hatt sich verkleydet in Bawren kleyder / das jhn der Narr nit erkant / sonder vermeynt es were ein Bawer. Die Fürstin sagt zů dem Bawren: Bäwrlin lieber lang dein sack her / vnd laß mein Clausen darein schlieffen / vnd bind den sack zů / vnd trage jhn biß für das Thor hinauß / vnnd wenn man dich fraget was du tragest / so sag es sey Haber / den habest im Schloss gefasset. Das bäwrlin nam sein sack / stieß Claus Narren darein / band jn zů / nam jn auff sein achsel / vñ zoch mit jm daruon. Wie er aber vber die Brucken zům Schloss hinauß wil / stehet der Chůrfürst sampt seinen Edelleuten auff der brucken / der spricht den Bawren an / vnnd fragt jhn was er im sack trag? Antwort das bäwrlin / Gnedigster Herr / ich trag Habern / den ich im Schloss gefasset hab. Daran

der

der Fürst kein vernügen haben wolt/vñ fraget jn zům andern mal / vnd sprach: Du bäwrlin sag mir die recht warheit/ was tregest im Sack das so schweer ist? Das bäwrlin sprach wie vor/Es ist habern. Welches der Chůrfürst gar nicht glauben wolt. Da fienge Claus Narr zům Chůrfürsten an/ vñ schrey im sack/ Du Narr er treget Habern/ gehörest du nichts/Habern tregt er/verstehst du nit mehr teutsch/Habern/ Habern. Des lachet der Chůrfürst vnd seine Edelleut / giengen daruon / vñ liessen den Narren im sack stecken.

Von einem Einsidel/ der sein eygen Schwester ermördt.

ZV Grüningen saß ein sehr reicher Mann/ der hatt ein einigen erwachßnen wolgelerten son/vnd ein tochter. Demselbigen son kam inn sein gedancken ein Einsidel zůwerden/ vnd dardurch in Himmel zůkomen / dasselb kunt jm weder Vatter/Schwester noch freund erleyden. Geht von seinem vatter / schwester / hauß vnd hof / vnnd alle reichthumb / auff anderthalb meil von der Stadt in einen eychwald / vñ macht jm selb allda ein hütten / darinn er / verscheyden von der welt / můth hat / Gott zů dienen. Sein speiß vnd tranck bettlet er in den nechsten vmbligenden flecken vnd dörffern. Vnd fůrt also ein strengs leben mit betten / fasten vnnd arbeiten. An den gemeynen wegen da verwarff er die karrenleisen / trůg in die tieffe löcher holtz vnd steyn / vnd füllets auß / bessert also die gemein strassen weit vnd breyt. Das treib er ein lange zeit wol zehen jar lang. Auff ein zeit kam jm für im traum zů nacht / so er an seinem beth lag vnnd schlieff / ein stimm sprechende: Der Herr hat mich zů dir geschickt / das ich dir sol verkünden dise wort / Vnter disen dreyen lastern můst eins vollbringen / welches dir erwehlen wirst / nemlich / einmal dich voll trincken / oder einmal inn vnkeuscheit leben / oder ein todtschlag thůn / deren eines wil der Herr von dir haben. Vnnd in dem verschwandte die

stimm

stimm wider. Der Einsidel erwachet ab der stimm/ vnnd erschrack sehr vbel/gedacht jhm nach / vnd sprach zů jhm selber : Soll vnnd můß ich eins auß diesen dreyen bösen lastern erwehlen / das wirt mir schweer sein / dann ich mein lebtag nie keins im sinn hab gehabt/ geschweigen erst thůn. Vñ doch treibt jn sein gewissen tag vñ nacht/ früe vnd spat/ das er des Herren befelch vollbrechte/wie er meynt. Nach langem eyfer vnd nachtrachten/doch vngern/erwehlet er jhm die Trunckenheit / vermeynet dieselbig were die ringest. Auff ein zeit schreib er seiner Schwester gen Grüningen einen brieff/ die inn grossen ehren vnnd reichthumb saß/ sie solte doch ein mal zů jhm kommen/ vnd mit jhr bringen ein fläsch voller Wein/vnd sich mit jhm noch einmal ersprachen / als dann wölle er sich aller freundtschafft auch der gantzen Welt entziehen / vnnd sich dem Herren gar ergeben. Welches so die Schwester im schreiben vermercket / begert sie das mit gantzem fleiß zů vollnbringen/ dann sie vnd alle Menschen hielten jhn

für

für ein heiligen Mann. Vnd geht zů jm hinauß allein an einem feyrtag/wol geladen mit Wein vnd brot vnd anderm gewürtz/sich mit jhrem brůder allein zů ergetzen. Als sie zů jhm kam/wurden sie beyde von hertzen fro/vnd er empfehet die Schwester in aller zucht vnd ehren. Sitzen also zůsamen/vñ ersprachen sich mit einander. Er fragt sie wie es dem Vatter gienge/auch was Manns/vnd wie vil kind sie habe. Die Schwester bericht jn aller dingen/vnnd im schwetzen schmeycht sie jm jmmerdar die flåschen/auff dz sie jn möcht frölich machen. Bey langem wirt der brůder voll/dañ er hat des trinckens nicht gewonet/satzt sich auch neher zů der Schwester/vñ greifft sie etwan an. Die Schwester achtet es nicht/dann sie gewan ein freude darab/das jr brůder so frölich war/trawet jm auch nichts böses. Doch bey langem wirdt der Brůder gar entzündet/vnnd schendt die schwester mit gewalt. Nach der that gedacht er: Es wirdt von mir außkommen/so ich sie laß wider heym gehn/gehet hin/vnd ermordets gar. Also vollso vollbringt er die laster alle drey / vermeynt er hette das ringest erwehlet. O trunckenheit / was stifftest du? du bist nicht das ringfügest laster vnter allen andern lastern.

Von einem gar Gelehrten Mann / der zů Speyer mit listen ein Landßknechtischen Edelmañ strieff / seines schwerens halben.

ES hat sich begeben / das zůsamen kommen sind zů Speyer in einem

einem Würtßhauß / zům schwanen ge= nañt / ein gelehrter Mann / vnd auch ein rauwer kriegischer Edelmann / welcher bey jm hat ein gůten einfeltigen knecht. Im nachtessen war die rede des Edel= mans schier gar allein / welcher jmmer= dar von seinen Kriegen saget / stürmen / schlachten / hawen / vnnd stechen / wie er vor Ofen so manchen Türcken hette vmbbracht / wie er sich so wol in Nea= ples gehalten hett / were er nit gewesen / man hette Städt vñ Schlösser verlorn. Vnnd schwůr denn darzů / das sich der Him̃el mochte bucken / bey GOtt vnnd seinen Heiligen / vnd viel ander seltzame vnerhört schwůr zog er herfür. Der gůt gelehrt Mann mocht nit zů red kom̃en / hett gern etwz võ Gott vñ seinem wort einher zogen / so kundt er nicht zů fech= ten kom̃en vor dem Edelmann. Zůletzt hört der Edelmañ ein wenig auff schwe gen vnd schweren / so spricht der gelehrt Mann: Vester Junckherr / es ist ein fein ding / vmb ein Kriegßmann / er erfehrt viel / sihet vnd hört viel / durchzeucht vil frembde Land. Es ist kein handel auff

erdtrich /

erdtrich / der mich mehr hat angefochten / dann ein Kriegßmann zů werden / so hat es allzeit nůr ein ding gewendet. Der Edelmann spricht: Weiser Herr / was ist doch das gewesen? Der gelehrte Mann antwortet: Ich hab allzeit besorget / ich müsse auch so vbel schweren. Der Edelmañ schwige still / vñ schandlächlet darzů. Aber sein knecht der vor dem tisch stund / spricht: Herr / Es mag einer wol ein Kriegßmann sein / můß darumb nit so vbel schweren. Also ward ob dem Tisch ein gantze stille / vnd schämet sich zům theil der Edelmañ. Warzů ist es leyder kommen / das man schier kein wort mehr redē kan / man lasse dañ ein schwůr darmit lauffen. Vnd mißbrauchen also Christi vnsers HERRn leiden vnnd sterben zů vnsern vnnützen wortē / wie müssen wir Gott dem Herrn so grosse rechenschafft darumb geben.

Von einem kind / das kindlicher weiß / ein ander kind vmbbringt.

In

IN einer Stadt Franiker genant/gelegen in West frießland/ da ist es geschehen/ das junge kinder/ fünff/sechß järige/ mägdlin vñ knaben/ haben mit einander gespielt/ vnnd haben ein Büble geordnet/ das soll der Metzger sein/ ein anders büble/ das soll Koch sein/ ein anders soll ein Saw sein. Ein Mägdle habens geordnet soll Köchin sein/ wid ein anders vnterköchin/ das soll in einem geschirrle das blůt von der saw empfahen/ das man würst könne machen. Nůn der Metzger ist an das büble hin geraten/ das die saw solt sein/ hats nider gerissen/ vnd mit einem messerlin die gurglen außgerissen/ die ander alle huben die saw/ vnd die vnterköchin empfieng das blůt in jhr geschirrlin. In dem gehet vngeferd hinfür ein Ratßherr/ vnnd sihet diß ellend/ nimpt von stundan den Metzger mit jm/ vnd fürt jn in des Obersten hauß. Welcher von stundan den gantzen Rath versamlen ließ. Sie sassen alle vber diesen handel/ wüsten nicht wie sie jm thůn solten. Sie sahen wol/ das es kindtlicher weise geschehen

schehen war. Einer vnter jnen ein alter weiser Mann gab den rath / Der oberst Richter solt ein schönen roten apffel in die eine hand nemmen / in die andere ein Reinischen gulden / solt das kindt zů jm růffen / vnd beyde hende gleich gegen jm strecken. Nem es den apffel / solt es ledig erkent werden / Neme es aber den gulden / so solt mans auch tödtē. Dem wirt gefolgt / vñ das kind ergreifft den Apffel lachend / wirdt also ledig erkennet.

Von einer Gräffin / die einem jungen Edelmann vngewarneter sach vermählet ward.

ES hat sich zů Pariß begeben / das ein Graff hat ein gar schöne tochter / die ward eim jungen Edelmann holdt / der an jrs Vatters Hof dient. Welchs der Vatter vernimt / vnd strafft die Tochter sehr / bey verlierung seiner huld / wo sie des Edelmans nicht müssig gehe. Der Edelmann vermerckt die liebe der Gräffin / vnd stellt sich offt an orten vnd enden / da er dann wußt / das sie fürgehn würde / das er sie kündte zů red stellen / welchs dann bey langem beschach. Auff ein zeit trifft er sie an / vñ (wie dann die liebe ein art an jr hat) erzodten sie beyde. Vnnd doch legt er die scham hindan / redt sie an mit freundtlichen wortē: O jr mein hort / mein trost vñ schönste auff erden / wie hab ich doch so lang begert mit euch ein mal zů redē / vnnd hat sich nit können schicken dann jetzt / darumb last vns nůn genůg nach vnsers hertzen lust mit einander reden. Die schöne Jungfraw sprach: Neyn / es wirt sich hie nit schicken / nemet hin den garten schlüssel / vnd verfüget euch hinnacht in meines Vatters garten / dahin wil ich auch komen / als deñ wöllen wir nach vnsers hertzen begier mit einander reden. Der Edelmañ nimpt den schlüssel / vnnd verfügt sich in den garten / dahin sie dann auch gegen der Nacht kame. Da traffen die zwey einander an / es mag ein jeder wol gedencken / wie trewlich sie einand gemeint haben / sind auch

nach

nach langem alle beyde am lotterbeth entschlaffen/ das in dem gartenheußlin was. Morgens (wie sich dann ein ding schicket) kundt der alt Graff jr Vatter nit schlaffen/sonder steht auff/vnd geht in den garten spatzieren / sich da als mit dem vogelgesang zů erquicken. Bey langem so er herumbher spatziert/ kompt er in das gartēheußlin / allda findet er sein tochter vnd den jungen Edelmann bey einander růhē. So er das ersiht/schweiget er still/vñ geht hindan heym/spricht zů seiner frawen: Als man zůr Meß leutet / solt jr vnd vnser tochter/mit sampt ewerem frawenzim̃er in die kirch gehn/ vñ andächtig Meß hörē. Jn dem schiede er von jr/vnd schickt nach einem Caplan/sagt jm/lieber Herr/jr werdet heut mein tochter vnd den jungen Edelmañ den ich an meinem Hof hab/zůsammen geben. Das wil ich gern thůn / Gnädidiger Herr / sprach der Caplan. Da es nůn vmb die zeit ward / schicket der Graff einen Diener zů seiner Tochter/ laßt jhr sagen/sie soll eylends zům Altar gehn/vnd vor dem Caplan nider knyen.

Welchs sie eylends thůt / weyß aber nit was der Vatter darmit meynt. Schickt auch den diener zům jungen Edelmañ/ lest jm sagen/er sol zů seiner tochter vor dem Caplan nider knyen/ das er mit begier seines hertzens vollbringt. Also gab sie beyde der Caplan zůsamen/ vnd verwundert sich jedermann darab. Diese that ist zů loben am Graffen / dann zů geschehenen dingen sol man allezeit das beste rathen.

Von einem der ein Stuten kauffen wolt/vnd sein son schlůg/ so auff dem Füllin reuten wolt.

Es wonet ein gůter einfeltiger Mañ in einem Dorff im Schwabenland/ genant Feimingen / der was arm/vnd ernehrt sich des taglons/ wann nůn die andern seine nachbawren mit Roß vñ karren ins holtz furen/ můst er das sein mit seiner Frawen auff dem halß vnd rucken heymtragen/ vnd mocht

mocht doch nichts erschissen: dañ wenn sie schon ein gantzen tag zůsamen trůgen/mocht es nit so viel außtragen/ als er im taglon gewinnen mocht/ deßhalben er an einem Sontag zů seiner Frauwen nider saß mit jr rathschlaget/ vnd sprach: Mein liebe Fraw/ wie ist jhm doch zůthůn/ du sihest/ wenn wir schon lang das holtz selbst auff vnsern achßlen heymschleyffen/ so versaum ich doch am taglon noch so vil/ als wir beyd geschaffen mögen. Da sprach die Fraw: Mein lieber haußwürt/ es ist war/ wie du sagest/ wie rathst du doch des jhm zůthůn sey? Der gůte Mann sagt: Jch meynt wenn wir etwan vnser zwen gefattern ansprechen/ das sie vns fürsatzten/ das wir etwan ein junge stůten kaufften/ so kündten wir auch ins holtz fahren/ wie ander leut/ vñ ehe das jar herumb kommet/ so hat es ein jung füllin/ das wöllen wir dann auffziehen/ so haben wir dann auch Roß wie ander leuth. Der rath bedunckt die frawen gar gůt. Nů hatten sie ein knåblin von acht Jaren/ als es den rathschlag höret/ da fienge es an vnd sprach: Ey ja lieber Vatter / so wil ich dann auff dem Füllin reuten. Da ward der Vatter ergrimmet vber den knaben/vnd sprach: Gott geb dir Sant Veltins marter/gelt du woltst mir dem Füllin den rucken entzwey trucken mit deinem reuten/nimpt hiemit den buben bey dem haar vnd schlegt jn an ein ohr/ dz er zů boden fellt. Als es aber die můtter ersihet/ wil sie dem kind zů hülff kommen/ vnd jn dem Mann nemmen. Der Mañ aber nit vnbehend / nimpt sie bey der kartausen / vnd schlegt jr den balg so voll/das nit mehr hinein mocht. Also hatten sie einander vmb das Füllin geschlagen/vnd hatten aber weder das gelt/die Merchen/oder Stůten/noch das Füllin.

Von einem Weybischoff/ der die Kirch vnnd den Kirchoff geweyhet hat / hat aber kein begrebnuß den vnschuldigen kindern geordnet.

Vmb

VMb Turgaw nicht weit von Costentz in einem Flecken/hat ein vbelthäter einen inn der Kirchen erstochen/vnd die Kirch vnd den Kirchhof entweicht/also/dz man da nit kunt Mess noch Ceremonien mehr halten/das nu den Byderleuten allda ein grosse beschwernuß was. Werden zů rath/vnnd schicken nach dem Weyhbischoff mit grossem kosten. Welcher kam/vnd weyht die Kirch vnd den Kirchhof wider. Als es nůn alles versehen was/felts einem altẽ Bawren zů/wo man die vnschuldigen kinder solle vergraben. Vnd bringens an den Weyhbischoff wider/wo man doch die vnschuldigen Kinder solle begraben/so der gantze Kirchhof geweyhet seye. Spricht der Weyhebischoff/Wo wolt jhrs haben? Die Bawren furten jhn an ein ort besonder/vnd sprachen: Gnediger Herr/allhie wirdt es gůt sein. Der Weyhbischoff spricht: Bistu nit geweyht/vnd die Bawren můßten jm das in sonderheit bezalen.

Von einem Pfaffen / der spricht: Herr Gott wehr dich dahinden / ich wil mich da vornen wehren.

AN der Meylander schlacht bey den Schweitzern / ist gewesen ein Pfaff / mit namen Jos Haß / (dann sie im brauch haben / so sie zů Felde ziehen / mit jnen allzeit ein Pfaffen zůnemmen) dieser so man an die Schlacht gehen solt / bindet seinen liederin sack / darinn er die Herrgott hat / dahinden auff sein rucken / vnd spricht: Herrgott wehr du dich dahinden / ich wil mich dapffer da vornen wehren / vnd kompt auch also von der Schlacht vngeschlagen.

Von einem Pfaffen der den stiel vom Weyhwedel in das Weyhwasser stieß / vnd die Leuth damit besprengt.

AUch dieser obgemelter Pfaff / laß allzeit die Frümess geschwind / vñ auch in derselben Kirchen war ein gar sehr andächtigs Pfäffle / welcher gar eben mit seinem Hergott vmbgieng / vnd hielt allzeit ein gantze stund Mess / also das die Leut gern hinder seiner Mess stunden. Nün auff ein zeit fiengen diese zween Pfaffen an einem morgen mit einander Frümess halten / es stunden viel leuth hinder des kleinen Pfaffen Mess / gar wenig aber hinder des Jos Hasen Mess. Als nün Herr Jos sein Mess geschwind herauß hatt / gibt er den seinen das Weyhwasser / So das die andern / so hinder des kleinen Pfaffen Mess stehn / ersehen / lauffen sie herzü / wöllen bey diesem auch das Weyhwasser empfahen / hattē aber jenem geopffert / wern auch gern baldt heym gewest. Welche Herr Jos ersihet / stößt den stiel vom Weyhwedel in das Weyhwasser / vñ wirfft gegen denē das weyhwasser / sprechend: Dē jr geopffert habē / den heyst euch auch das weyhwasser geben. Vñ giengē also verspottet hinweg.

Von einem armen Studenten/ so auß dem Paradiß kam/ vnd einer reichen Bäwrin.

DVrch ein Dorff gieng einmal ein armer Student/ welcher wenig zerung im Seckel bey jhm trůg / vnd aber die füß lieber vnter dem tisch hat/ dann das er solt in einem bůch studieren / als man deren noch viel findet. Als er aber nůn wol inn das Dorff hinein kompt / gehet er gegen eines reichen Bawren hauß / welcher nicht anheymisch

heymisch was / sondern in das holtz gefaren / die Fraw aber / welche vor auch einen Mañ gehabt / so Hans geheyssen / vnd jr vor wenig jaren gestorben was / deßhalben jetzt den andern Mann hat / dieselbig fraw steht in dem hof vor dem hauß. Vnnd so sie den Studenten ersihet / spricht sie jn an / fragt jn wer er sey / vnnd von wannen er komme? Antwort der Student: Jch bin ein armer Student / vnd komme von Pariß. Die gůte einfeltige Fraw verstunds nicht recht / vermeynt er hett gesagt / er komme auß dem Paradiß / Deßhalben sie jn noch ein mal fragt: Kompt jr auß dem Paradiß? Ja liebe fraw sprach der Student (dañ er merckt von stundan wol wen er vor jm hat.) Da sprach die Bäwrin: Lieber gůter freundt kompt mit mir in die stůbē / so wil ich euch etwz weiters fragen. Als er nůn inn die stůben kam / da hieß sie jhn nider sitzen / fieng an / vnd sprach: Mein gůter freund ich hab vor auch ein mañ gehabt / hat Hans geheissen / der ist vor dreyen jarē gestorben / ach du mein lieber Hans / GOtt tröst dein liebe seel / ich

ich weyß dz er im Paradiß ist/ er ist wol so ein frommer Mensch gewesen/ Lieber freundt/habt jr jn nicht im Paradiß gesehen/oder kenñt jr jn nicht? Der student sagt: Wie heyst er mit dem zůnammen? Sie sprach: Man hat jn nůr Hanß gůtschaf gesagt/er schilhet ein wenig. Der Student besinnt sich/vnd sprach: Botz ja/ ich keñ jn jetz wol. Die Fraw sprach: Ey lieber freundt/ wie gehets jm/mein gůten Hansen. Der Student antwort/ vnd sprach: Schlechtlich gnůg/der arm tropff hat weder gelt noch kleyder/weñ gůte gesellen nit das best gethan hetten bißher/ er wer wol hungers gestorben/ dann wo etwan gůt gesellen bey einander zechen/ so holt er wein vñ brot/ vnd schencket jnen ein. Da die Fraw das höret/fieng sie an weynen/vnd sprach: Ach du mein Hans/ nůn hast du nie keinen mangel bey mir gehabt/ vnnd můst erst in jener Welt mangel leidē. Hett ich das gewist/ ich wolt dich wol versorget haben/ mit kleydern vnnd mit gelt/das du auch andern gleich hettest mögen zehren/ dann du von Gottes gnaden noch

gůte

gůte kleyd hast/hett ich nůr ein botten/ ich wolte dirs schicken/vnnd ein gůten zehrpfenning darzů. Der Student als er solchs hört/sprach er zů der Frawen: O liebe Fraw seyt gůter ding/wenn es nůr an eim Botten manglet/so wil ich euch wol so vil zů gefallen thůn/vñ jms bringen/dann ich jetzt den nechsten widerumb ins Paradiß wil/ich hab etlichen mehr gelt zůbringen. Als die bäwrin solches horte/war sie fro/vnnd bracht dem Studenten zů essen vnd trincken/ vnd hieß jn redlich zechen/dann ich wil (sprach sie) dieweil ein ding zůsammen sůchen. Also geht sie hinauff in die kammer vber den kasten/da des Hansen kleyder lagen/vnd nimpt etliche hembder/ zwey par hosen/vñ den gefüllten rock/ sampt etlichen fatzenetlin/machts auff das geschmeydigst ein/das es fein komlich zůtragen ist/darnach hat sie etlich alte Vngerische gulden/vnd gůt alt gestempfft blaphart/bindets inn ein weiß lümplin/gibts dem Studentē mit samt der bürde/vnd schenckt jm auch etwas/ damit ers dest fleissiger außrichte. Als

er

er nůn gessen vñ getruncken hat/ nimpt er die bürde mit den Kleydern auff den halß/ danckt der frawen/ vñ zeucht darmit daruon. Nůn was es eben vm̃ mittag/ das der Bawr auß dem holtz heym kam/ lieff jhm die Fraw entgegen/ vnnd sprach: Lieber haußwürt sol ich dir nit wunder sagen/ es ist ein Mann bey mir gewesen/ der kompt auß dem Paradiß/ vnd keñt mein Hansen selig wol/ er hat mir gesagt wie er so arm sey/ vñ grossen mangel leide/ da bin ich hin gangẽ/ hab jm seine kleyder geschickt/ sampt etlichen Vngerischen gulden/ vnd gestempfften blapharten/ welche du nicht gewist hast/ vnd solt dich der ritt schitten. Der Bawer erschrack/ vnnd sprach: Ey du hast jhm den Teuffel auff den kopff geben/ sitzt schnell auff sein besten hengst/ vnd eylt dem Studenten nach. Der student aber stets hindersich sehende (dañ er versahe sich wol es würd also gehen) als er den Bawrn sihet hernach eylen/ wirfft er geschwind die bürd in ein hag/ vñ find vngefer ein par haghendschůch vnd ein schauffel/ die legt er an. Als nůn

der

der Bawer zů jm kam/ fragt er ob er nit einē mit einer bürd gesehen hab? Er saget ja/ als baldt er euch gesehen/ ist er vber den hag gesprungen vnnd dem holtz zů gelauffen. Der bawr sprach: Lieber halt mirs roß/ so wil ich jm nacheilē/ springt hiemit vber dē hag dem holtz zů. Der student nimmt die bürde/ sitzt auffs roß/ vnd reit daruon. Als nůn der bawr niemand fant/ kert er widerumm/ so fint er wed das roß noch den der es jm gehalten hat/ da gedacht er wol wie es zůgangē wer. Als er nůn heym kommt/ fragt jn die fraw/ ob er jhn gefunden hab. Er sagt ja/ ich hab jm das roß darzů geben/ das es jm deß bälder werde.

Von einem Pfaffen/ der köpff kundt machen.

IN Frießland in einem grossen Dorff/ hat sich begebē/ dz ein wol habender Kauffmann wolt reisen gē S. Jacob/ ein fart dahin zů volbringen. Auff ein zeit redt er mit seiner hauß frawen/ die mit einem kind gieng/ welche auch nit aller dingen gescheyd war/

von seiner fart/ wie er die verheissen hette/ vnd můst die einmal volbringen. Die Fraw vngern verwilliget. Doch auffs letzt gibet sie den willen drein/ vnnd der Mann fahrt dahin. So das der Pfarrherr vernimt/ macht er sich zů dem weib vnnd spricht: Liebe Fraw/ wo ist ewer

Mann? Sie antwortet: Gen S. Jacob. Ey neyn spricht der Pfaff/ was gedencket er/ das er euch also lest sitzē mit dem grossen Bauch/ vnnd fahrt so weit von euch in fremde land. Die Fraw antwortet: Er hat mir haab vnd gůt genůg gelassen/

lassen/hoff zů Gott er werd mit freuden wider heymkommen. Der Pfaff spricht: Mein liebe Fraw / es ist nicht allein an dem gelegen / sondern es ist viel ein anders/das jr nit wißt/daran ewer Mann seumig ist / das wirdt euch vnnd jhm zů grossen schmertzen reychen. Die Fraw antwortet / Was ist doch das mein lieber Herr / seyt mir doch vñ meinem mañ vor schmertzen. Der Pfaff spricht: Jch darffs nit wol vor euch sagen. Die fraw antwortet / Hey lieber Herr/ sagt es/ es schadet nichts. Er spricht: Geht ewer Mann so von euch / jhr aber mit einem kind gehet/vnd aber das kind noch kein haupt hat/wer wil dem kind das haupt ansetzen? Die einfeltige Fraw spricht: Wie solt das mögē sein / so ich schier genesen soll? Ja spricht der Pfaff/ dester böser ists. Die Fraw fragt jn/wie jm zů thůn were. Der Pfaff antwortet: Jch wißte wol rath/ so jr mir folgen woltet. Die Fraw antwortet einfaltig: Das wer doch gar ein vngestalt / solt ich ein kind on ein haupt bringen/ was ist doch mein Mañ gesinnet/ das er von mir hin weg schied/Herr helffet mir/so jr könnet bey zeiten. Vnd der Pfaff beschlieff sie/ verschůff dem Kind ein haupt. Etwan in acht wochen genaß die Fraw/ vn̄ gebar ein jungen son/Des sie sehr erfrewet ward. Vber ein zeit kam der Mann wider mit gesundheit heym/ das die Fraw noch in dem kindbeth lag/ vnd den nechstē kert er sich zů der frawen/ vn̄ spricht: Sey Gott gelobt mein liebe haußfraw/ das ich dich mit gesundheit wider sihe/ vnnd du mir ein jungen Sohn gebracht hast. Die Fraw schwieg still vnd danckt jm nicht/ doch nach langem spricht sie: Du bist ein feiner gesell/ gehest von mir inn ferne land/vnnd last mich mit meim grossen Bauch also sitzen/ were vnser Pfarrherr nicht gewesen/ ich hette das Kind on ein haupt můssen bringen. Der Mann vermerckts gleich/wie es ergangen was/vnd thet jr nichts vmb jrer einfalt willen/vnd spricht: Liebe Fraw/ich hab gemeynet/ die sach sey recht versehen/vnnd hielt sie lieb vnnd werth/aber dem Pfaffen treyb ers wider ein. Auff ein zeit im Sommer frůe vor tage bey

Mon-

Monschein/stehet der Kauffmann auff von seinem Weib/gehet in des Pfaffen Wisen/da weydeten zwölff des Pfaffen schaf/denen er die köpff alle abschneyd. Als das der Pfaff vername/schalte er den vbel/der seinen Schafen die köpff hett abgeschnitten/so ers wißte/wolt jn auch lassen köpffen. Der Kauffmann redet es vnuerholen/er hette es gethan. Der Pfaff verklagt jn vor dem gantzen rath/welcher mit hefftiger klag gefänglich für rath gefürt ward. Nach langer klag verantwort sich der Kauffmann/vnnd spricht: Pfaff du kanst wol köpff machē/mach deinen schafen auch köpff. Da das der Pfaff erhort/erschrack er/vñ wer gern hinweg geweßt/müßt aber verharren. Der Kauffmann erzelet dem Rath des Pfaffen schelmenwerck vom anfang biß zům end/vnd strieffen jn vmb all sein gůt/stiessen jn auch von der pfrůnd/vnd jagten jn hinweg.

Wie ein gut fromb Mann am Kocherßberg / einem gůten einfeltigen ein Walfart verdinget / zů Sanct Veiten zů wallen.

DJeweil wir jetzund auch auff einer fahrt oder reyß sind / so manet mich gleich ein gůter schwanck / das ich euch denselbigen erzele. Es ist meñiglich wol bewußt / das am Kocherßberg nit weit von Straßburg gelegen / gar vil gůter frommer einfeltiger Bawerßleuth wonen / von deren einem ich euch hie schreiben wil. Derselb gůt Mann kam in sehr grosse Kranckheit / durch welche er lange zeit hart vñ vbel gekrenckt ward. Jn solchẽ seinen nöten / kam jm zůgedancken / wenn er ein Walfart zů S. Veiten (so daselbs am gebirg gelegen) verhieß / jm ein silberin opffer / verhofft er gentzlich / sein sach würd besser werden. Also gelobt vnd versprach er die fahrt / so baldt er von solcher kranckheit auffkem / wolt er die fart vollbringen.

gen. Als er aber in kurtzer zeit darnach wider gesundt worden / ist jhm tag vnd nacht die gelübd / so er gethan hat / vor augen gewesen / vnnd im sinn gelegen. Vnd als er jhm jetzt endlichen fürsatzt / die Fahrt vnd Opffer zů leysten / hat jhn die arbeyt mit hauffen vberfallen / als balt er seine äcker geseet / můßt er in den Reben anfahen zů wercken. Vnd was der arbeyt so vil / das der gůt mañ kaum der weil nam / das er aß vnd tranck. Zů letzten kam jm zů sinn / damit er Sanct Veiten nit mit seinem langen aufflengen vnwillig machte / wolt er einem gůten frommen Mann von seinet wegen die Fahrt verdingen außzůrichten. Also fand er einen nach seinem gefallen / denselben fertiget er ab mit Opffer / wachß / vñ mit einem gůten feysten Hanen. Diß alles befahl er jm S. Veiten zůbringen. Baldt macht sich der gůt gesell auff die fahrt / gieng in grosser andacht dem gebirg zů / wer jm bekam / den fragt er / wo auß er den nechsten zů S. Veiten kem. Er ward von jederman trewlich gewisen. Nůn ligt ein groß Kloster vnden an dem Berg/ für das müßt er hingehn. Das Kloster nennet man zů allen Heiligen/ darinn wonen etliche Münch. Er ward den Berg hinauff gewiesen zů S. Veiten/ zog also mit grosser mühe vnnd angst hinauff. Zůletzt gedacht er inn jm selbst/ Nůn bin ich warlich nit weiß genůg/ das ich mit solcher grosser mühe/ den hohen berg hinauff steige/ nůn sagt man doch dz Kloster heyß zů allen Heiligen/ sind nůn alle Heiligē in dem Kloster/ so můß Sanct Veit auch gewißlich bey jhnen sein/ vnnd würde jhn jetzund nicht anheymisch finden. Mit diesen gedancken wendet er sich vmb/ vnnd den Berg wider hinab/ als wenn man jhn gejagt hette/ kam also an des Klosters Pforten/ vnnd leutet an der Glocken gar ernstlich. Der Portner kam eylends lauffen/ schloß die pforten auff/ fraget den gůten gesellen/ was sein begeren vnd geschefft weren? Lieber sagt der Waller/ Sind nicht alle Heiligen dainnē? Der Portner sagt eylends/ Ja/ (dann er hat den feyßten Hanen bey jm ersehen/ vnnd meynt er wolt jhn allen

Heiligen

Heiligen bringen zů einem opffer.) Lieber Portner/sagt der Waller/gehe hinein zů allen Heiligen / vnd heyß mir nůr Sanct Veiten herauß komen/ dann ich hab Gelt vnnd diesen Hanen so jhm zůhören. Lieber gůter gesell sagt der Portner/ wilt du zů Sanct Veiten/ můßt du dich noch mehr den Berg hinauff strecken / dann du findest jhn nicht hie innen. Wie wer dann das ein ding / saget der Waller / sölten alle Heligen bey einander dariñen sein/ vnd wolten eben S. Veitē außgesondert habē/ Der Portner meynet der Waller trieb sein speywerck /erzürnet sich vber jhn/ vnd sagt: Du hörst mich wol was ich sag / Sanct Veit hat inn vnserm Kloster nichts zů thůn / Wir haben alle Heiligen zů Patronen. Darauff sagt der Waller: So halt du dir deine alle Heiligen/so wil ich Sanct Veiten behalten. Damit zog er wider seiner strassen heymwertz zů. Als er aber nůn zů seinem Bawren kam/empfieng er jn freuntlich/vñ fragt ob er die fahrt außgericht het. Der Waller sagt/

ja. Wo hast du dañ den gemalten brieff zům warzeichen? Der Waller besan sich kurtz/vnd sagt: Jch kam auff den Berg in S. Veiten Kirch/da was S. Veit nit anheymisch/sonder was vnten im Kloster bey allen Heiligē/also gieng ich herab inn das Kloster/hieß mir S. Veiten herfür kommen/also richt ich mein sach auß/gab jm das Opffer/das nam er/den Hanen hat er mir geben/vñ geschenckt/leßt dir darbey vil gůts sagen. Er aber hat kein brieff/so er mir hett geben kõnnen/dann sie waren alle oben auff dem Berg. Also glaubt jm der gůt einfeltige Bawer/gab jhm seinen lohn/vnd ließ jn lauffen. Der gůt Waller was wol content/dañ er hatt drey schantzen auff einer karten gewunnen. Jn diesem stuck sollen wir dreyerley warnemen: Erstlichen die groß einfalt/mit denē die welt vmbgeht/dann so einem etwas kranckheit oder trůbsal zůhanden gehen/findet man gar viel/so des rechten waren vnnd gebanten wegs verfehlen/gedencken wenig an Christum vnsern Seligmacher/dann der ein růfft zů disem/der

ander

ander zů jenem Heiligen / so doch Christus im Euangelio / Johannis 10. gantz klerlich mit außgedruckten wortē sagt: So jr etwas den Vatter bittet in meinem Nammen / das wil er thůn. Item / Ich bin der Weg / das Leben / vnnd die Warheit / niemand kompt zům Vatter dann durch mich. Vnd an einem andern ort sagt er / Matt. 11. Kompt her zů mir alle die jr mühselig vnd beladen seyt / ich wil euch erquicken. Zům andern ist sich auch gnůg zů verwundern / das die welt so einfeltig ist / so das einer vermeynt er wölle viel verheyssen / ob er das gleichwol nit thůn kan / wöll er das einem andern befehlen außzůrichten / als dañ zů vilmalen geschicht / das einer dem andern verdingt ein anzal für jn zůbetten / fasten / oder also zů wallen hin vnd wider. Es leßt sich aber nit also verstreichen / sonst wer Adam im Paradiß wol bestanden / als er den Apffel aß / dann er sagt: Das weib gab mir / vnd ich aß. Also wolt sich auch dz weib mit der schlangen verantworten / da halff aber keine außred / es můßt ein jeglichs sein bürde selbs tragen. Zům dritten / ist auch ein grosser mißbrauch entstanden mit den opffern / die sind hin vñ wider getragen worden in die reichē Gottßheuser / nemlich / gůte feyßte Hennen / Hanen vnnd Kappaunen / wem aber die zů trost kommen / weyß Gott wol / dañ die geschnitzten vñ gemalten Heiligen haben sein nit genossen. Darneben aber habē wir die lebendigen Heiligen wenig bedacht / auff welche wir billich sehen solten. Die aber haben grossen hunger vñ mangel in jren kranckheitē leiden můssen / so doch Christus spricht / Matth. 25. Was jr gethan habt den geringsten vnter diesen meinen brůdern / das habt jhr mir gethan. Darumb last vnser Wahllfarten vnd Opffergericht sein zů den lebendigen Heiligen. Von diesem gnůg.

Von einem der in Wassers not S. Christoffel ein groß wächsin liecht verhieß.

ES hat der hochgelehrte vnd wolwirdiger gedechtniß D. Erasmus von Roterodam / inn seinen Colloquijs beschrieben / ein grausamen schiffbruch / denselbigẽ auch der gestalt herauß gestrichen / also wer den lißt oder hört / dem můß darob grausen. Vnter anderm so in solchem schiffbruch vnnd Fortun gewesen / setzt er von einem villeicht ein Kauffmann möcht gewesen sein. Als derselbig von anderen seinen mitgeferten ein solch schreyen vñ růffen hort / Der ein růfft vñ verhieß sich zů S. Jacob / der ander zů S. Niclaus port / der dritt zů S. Katharina von Senis. Da waren gar wenig / so zů dem rechten Schiffmañ růfften / welcher mit seinem bedrowen Wind vñ Meer augenblicklich stillen kundt. Diese aber als sie in jhren grösten nöten waren / sucht jm ein jeder ein besondern Heiligen. Vnd nemlich dieser / als er sihet / das man alles gůt auß dem Schiffe wirfft / die Maßt vñ Segel zerrissen / die Schiffleut gantz verzagen / ein jeder sihet jm vmb ein dilen oder brett / damit er sich dem grawsamen

samen wütenden Meer ergeben wil / so fehet der güt Kerle auch an mit lauter stimm zů rüffen: O du heiliger Sanct Christoffel / hilff mir inn diesen meinen grossen wassers nöten / damit ich wider ans land kommen möge / dargegen versprich ich dir ein Wächsine Kertzen / so lang vnd groß / als da ist dein bildniß zů Pariß in der hohen Kirchen. Disen rüff ernewert er zů mehrmalen. Zůletzt sagt einer seiner gesellen: O mein lieber Compani / du versprichest sehr grosse ding: dann warlich wenn dein gantze freundschafft vnd geschlecht zůsamen theten / haab vnd gůt daran streckten / sie möchten das wachß nicht bekommen. Diser aber so zůuor sehr laut geschryen / sagt zů seinē gesellen heymlich in ein ohr: Lieber mein gesell / hülff mir nůr S. Christoffel ans land / ich wolt mich wol mit jhm vertragen / er solt ein schandel oder vnschlit liecht daruor nemmen. Ach der groben einfalt. Er meynt / Sanct Christoffel hett gewalt jm auß nötē zů helffen / hett auch sein grausam schreyen vñ rüffen / so er gethā erhört / er aber möcht die

die wort so er seinem gesellen heymlich gesagt/nicht gehören. O du arme welt/ wenn thust du die augen auff.

Wie ein Pfaff vnterstund mit fünff worten in Himmel zůkommē.

IN einē Dorff saß auff ein zeit ein toller / voller / verlotterter / verspilter/ Gottloser Pfaff/ dem allezeit sein sinn vnnd gedancken mehr ins Würtßhauß dann inn die Kirchen stunden/ deren man aber jetzt zů vnsern zeiten

zeiten nit baldt einen finden wirt. Derselbig Pfaff versahe vnnd weydet seine schaf gantz fleissig/ damit jnen kein vnrath angesehen ward/ dann er lag gewonlich Sommers zeit mit jhnen am schatten im Würtßhauß/ Winters zeit aber in der warmen stuben/damit sie jm in der kirchen nit erfrüren. Zů einer zeit begab es sich/ das er von einem anderen Dorffpfaffen auff die kirchwey geladen ward/ derselbig was ein alter vnd wolbetagter Mañ. Er hatt auch noch ander erbar gäst geladen/so jm bekañt vnd verwandt waren/ deren etlich nit grossen wolgefallen an des Pfaffen tollen schwencken hatten. Dann er so baldt er vber tisch kam/ fieng er sein faule bossen an zů treiben/mit ripsen/ schreyen vnnd juchtzen/ so das niemand vor jm zů rede oder worten kommen mocht. So offt er ein glaß/ becher od̄ krausen außtranck/ fieng er an mit lauter stim̃ zůschryē/ O lieber Würt schēck dapffer ein/wirfft damit das geschirr in die höhe/ vnnd empfiengs wider. Dise vnfletige weiß trieb er so lang/ biß es den andern Pfaffen

anfieng

anfieng verdriessen. Vnd der jn geladen hat/ hub an den vollen Pfaffen mit worten straffen/ vnnd sagt: Ach lieber mein Herr/ wo gedenckt jr doch hin? nůn seyt jr doch ein Pastor vnd Seelsorger vber ewere gemeyn/ wie wolt jhr die sach gegen Gott verantworten? dieweil jr ein solch schentlich leben füren/ nemen doch warlich ewer vnterthanen ein böß exempel vnd ebenbild von euch. Man sagt gemeinlich: Wie der Hirt/ also sind auch die schaf. Darumb solt jhr euch solcher lästerlicher weiß massen/ sonst werdt jhr gewiß inn grossen gefahren an ewerem letzten end stehen müssen. Aha sagt der Pfaff/ ich hab ein gnedigen lieben Herrn vnd Gott/ wenn mir an meinem letzten end nicht mehr dann so viel zeit werden mag/ das ich fünff wort mit jm red/ wirt mir der Himel offen stehn/ was wolt ich dann grosse not haben? So wil ich auch meiner bawren keinen in Himel tragen/ wöllen sie nit hinein/ bleiben sie herauß/ ich hab jn doch als sie mich angenomen haben/ den Himmel nicht zůgesagt/ so wol als jhr ewren Bawren. Als sie nůn

lang

lang mit einander zanckten / vnnd aber der Pfaff alle wort in einē gespött verlachet / hat jm der ander nit mehr in seinen sachē reden wöllen: Der Pfaff aber ist gantz truncken worden. Vnd als der alt Pfaff eben auffhört / von dem er geladen was / hat er vrlaub von jm genommen / damit jhm aber nichts auff seiner heymfart begegnete / hat jm der alt seinen Sigristen zůgegeben. Nůn ist vnter wegen ein sehr tieffer bach gewesen / vnd gar ein schmaler steyg darüber gangen / vber welchen der volle Pfaff hat gehen műssen. Als er aber mitten auff den steyg kommen ist / sind jm seine beyde fűß entgangen / vnnd ist also inn das wasser geplumt. Baldt er aber merckt / das jhm niemands zů hűlff hat mögen komen / dann jm gieng das wasser schon in das maul / da hat er angefangen jämmerlichē schreyen: O lieber Würt schencke dapffer ein / dañ jm diß wort zů vorderst im maul lag / vnd kundt in seinem letzten end die fünff wort nicht herauß bringen. Also erseufft der volle Pfaff. Darumb es warlich nit gůt ist / solcher

vppigen

vppigen wort sich zůgebrauchen/darzů sollen wir auch nim̃er kein solche spottreden vnd vppigen fabeln von Gott reden/als dieser Pfaff gethan hat.

Von einem Rathßherren/ der mit einem Kind gieng.

IN einer Stadt mit nammen Freyburg/ da saß ein reicher ratßherr/ welcher mit seiner Frawen noch nie in 15. jaren kein Kind gehebt hat/deßhalben offt etwas spans bey jhnen sich erhůb/ das jhe eins dem andern die schuld gab. Auff ein zeit dinget die Fraw ein haußmagd/ welche fast züchtiger berden was/kundt auch dem hauß wol vorstehn. Jr herr gedacht in seinem sinn/Mein weib zeihet mich/ich sey kein nütz/ wie wer jhm/ so ich es mit meiner magd versuchte/ob die schuldt mein sey oder nit/ nůr das wir auß dem zweiffel kommen. Vnd kert sein müglichen fleiß an/ ob er sie kündte bereden. Die magd durch viel glatter wort vnnd verheyssen jhres Herrn verwilliget / vnnd empfehet von jm ein kindt. Nun vermag aber die Stadtordnung allda / so ein Rathßherr die Ehe bricht / wirdt von allen ehren gesetzt. Vnd gedacht / wie ist dem zůthůn / wirt mans von dir jnnen / würd ich vbel bestehn. Vnd geht hin zů seinem Doctor / welcher ein gescheyder Mann was / entdeckt jhm sein anliegen / vñ die grosse gefahr so jm darauß stünd. Der Doctor tröstet jn / vñ spricht: Dem ist wol zůthůn / seyt vnuerzagt / geht heym / vñ legt euch an das beth / vnd gehabt euch sehr vbel im bauch / vnd vber ein tag schickt mir den Harn bey ewerer Frawen / vnd lasset mich handlen. Der Rathßherr thet wie jm der Doctor befohlen hat / vnnd schicket am anderen tag die fraw zům Doctor mit dem wasser. Der Doctor besichtiget das wasser / vnd im besehen lachet er. Die angsthaffig fraw / so sie den Doctor sihet lachen / betrübt sich fast / dann sie wußt wol / das jr Mañ fast kranck lag. Der Doctor spricht: Ewer Herr ist sehr kranck / vnd

geschwillt

geschwillt jm der Bauch / dann er gehet mit einem kind. Die Fraw antwortet: Herr / wie kan dz gesein? treibt kein speywerck / mein Mann ist sehr kranck. Antwort der Doctor: Ich sag euch die warheit / er gehet mit einem kind. Herr sagt die fraw / wie geht das zů / es ist vnmüglich? Antwort der Doctor: Ihr Weiber habt seltzam gelůst / versucht es inn alle weg / in dem ist ewer Mann schwanger worden. Vnd sie errötet / gedacht in jhr selbs einfeltiglich / Es mag sein / vñ fasset widerumb das hertz zů beyden henden / fragt den Doctor / wie jrem Mann zů helffen were. Gab jr die lehr / Bestellt ein Jungfraw / die noch keines Manns schuldig ist / vnnd verfügets zů ewerem Mann / als denn wirdt die Jungkfraw das Kindt empfahen. Die Fraw antwortet: Es wirdts keine wöllen thůn. Spricht der Doctor / kehret fleiß an / bey zeit / sonst verdirbet euwer Mann / dann das můß sein. Noch eins spricht der Doctor / Was habet jhr für eine magt? Antwort die fraw / Sie ist so züchtig / mag von denen dingen nichts hö-

 ren /

ren/ich geschweige erst thůn. Sprichet der Doctor: Versuchts mit jr/kert ewrn müglichen fleiß an/ vnnd sagt/ sie möge den Mañ beym leben erhalten/mit verheyssung einer reichlichen heymstewer/ vnd so sie das kindt gewinnt/das jrs für ewer eigen fleysch vnd blůt wölt aufferziehen. Also schiede die Fraw von dem Doctor heymwertz zů jrer Magd/hielt jr den handel für mit grossem bitten vñ flehen. Die Magd antwortet: Liebe Fraw/ haltet jhr mich für ein solche? ich wil noch hinnacht auß dem hauß. Die Fraw herwider mit grosser bitt vñ verheyssen/geratet an sie hin/ sie solle doch jres Manns leben ansehen/ deßgleichen wöll sie das kind für jr eygen kind erziehen/vnnd sie reichlich außstewren zů einem gůten gesellen. Nach langer hefftiger bitt verwilliget die magd/ vnd leget sich zům Herren/welcher gleich in kurtzen tagen wider genaß/vñ die magt empfieng das kindt. Also ward der sach rath/ vnd die Fraw hielt der Magd alles/was sie jhr verheyssen hat/ vnd blieben all bey ehren. Wie aber die Magd so

baldt

baldt gebar/vñ nur die halbe zeit zwentzig wochen das kind getragen hatt/gewan die Fraw ein argwon/ vnnd gieng wider hin zům Doctor/vnd sprach: Herr Doctor/ wie gehts doch zů/ dz die magd des kindes so baldt genißt? Antwort der Doctor/mein liebe Fraw/wundert euch das? gedenckt jr nicht das der Mañ das kind zwentzig wochen getragen hat/vñ die Magd auch zwentzig. Spricht die Fraw: Ja warlich das ist war/ dancket dem Doctor/vnd schied von jm. Etwan ein jar darnach gieng der Doctor vngeferd für die Fraw/grüßt sie/vnd lechlet/ das triebe er zům dickern mal/ bey dem die Fraw abnam/ das es mit Kreutern zůgangen was/wie man spricht.

Von einem Abenthewrer/ der bewert/ das der Teuffel zů Costentz/ vñ der groß Gott zů Schafhaussen/ auch die Maria zů Einsidlen/ vnd er Geschwistert weren.

ZV Einsidlē in dem Schweytzerland / hat es sich begeben / das viel leut / jr Wallfart zů volbringen / dahin kommen sind. So hat es sich zůgetragen gegen der nacht / in einem würtßhauß / wie man aß / das die Pilger haben geredt von der lieben Maria zů Einsidlen / wie sie so gar gnedig were / auch von jren wunderzeichen die sie gethan hette. Vnter den Pilgern was auch ein gůter gesell gerathen / der nit der Wallfart / sondern seiner geschäfften halben dahin komen was / aß auch mit jnen zů nacht. Als nů die Pilger so vil gůts von der lieben Marien sagtē / redet er auch dz sein darzů / sprechende: Wie wirdig schetzet jhr sie doch / sie ist mein Schwester. So das die Pilger / auch der Würt erhörten / erstauneten sie vber diese rede / vnd ward so lautprecht / dz es dem Apt auch kundt gethan ward / welcher diesen gůten gesellen / so er vom Tisch auffstund / fahen / vnnd vber nacht in Thurn legen ließ. Morgends vor rath mit hefftiger klag den vbelthäter stellen ließ / wie das dieser die liebe wirdige Můtter Gottes

geschmächt

geschmächt hette / vnd geredt / sie were
sein schwester. Nach langer klag fragt
man den vbelthäter / was er damit ge-
meint hett. Antwortet er: Ja die Ma-
ria zů Einsidlen ist mein schwester / vnd
das noch mehr ist / der teuffel zů Costentz
vnnd der grosse Gott zů Schaffhausen
meine gebrůder. Der Rath entsatzt sich
ab dieser red / vnd stiessen die köpff zůsa-
men / sprechende: gewiß ist diser ein Hei-
ligen schmäher. Der oberst Richter fra-
get jhn weiter vmb etwas mehr auß jm
zůbringen / Wie darffst du die schnöde
wort allhie außstossen / so von allen lan-
den jetzt Pilger hie sind / welches allent-
halben erschallen wirdt? Antwortet der
vbelthäter: Ich hab recht geredt / dann
mein Vatter ist ein bildhawer gewesen /
der dē Teuffel zů Costentz gemacht hat /
vnnd auch den grossen Gott zů Schaff-
hausen / vnd ewere Maria / auch mich /
darumb sind wir geschwistert. Al-
so lachen sie all / vnd liessen
jn ledig.

Das Rollwagen

Von zweyen zenckischen Bawren / deren einer des Burgermeisters Fraw fragt / Sind jr nit auch ein Hůr?

AN einem Flecken sassen zween Bawren / welche Nachbawren waren / die lagen einander für vñ für im haar / vnd kunten nit mit einander gestellen / also / das sie offt den Burgermeister vberlieffen / welcher ein vnwillen ob jhnen gewan. Auff ein zeit kom̃en sie aber für des Burgermeisters

hauß /

hauß / vñ der ein klopfft vngestümmig-
lich an. In dem laufft die Fraw hinab
vnd leßt jn ein. Als sie nůn die zwen zen-
ckischen Bawren ersihet / sprichts: Ihr
vnrůwigē leut sind jr aber vorhanden/
wie gehts doch zů / das jr Bawren so an
einander kommen mit haddern / fetzen
vnd rauffen / jr sind doch vnrůwig leut?
Antwortet der ein Bawr / Fraw sind jr
nicht auch ein Hůr? Die Fraw herwider
mit scheltworten an Bawren hin / du
lawer / du schelm / darumb můßt du mir
ein stand thůn / ich wil dich dessen nit er
lassen. Der Bawr antwortet / so komen
wir Bawren an einander / ich hab euch
nůr gefragt / ob jr ein Hůr seyt?

Von einem Landßknecht / vnd Herr Gott be- hůt vns.

IN Schweitzerlande zů Zů-
rich ist komen ein Landßknecht
in ein Würtßhauß / vñ den Würt
begrůßt vm̃ herberg / dem der würt her-

berg zůsaget. Zů nacht im essen hat der Würt dem Landßknecht gar ein sawren wein fürgestellt / der von einem vbel geratnen jhar was / vnd so die leuth jhn truncken sprachen sie: Herr Gott behůt vns / wie ist der wein so sawr / also / dz der wein von dem jar den nammen behielt / Herr Gott behůt vns. Als nů der Landßknecht aß / vnd auch den sawren Wein versucht / spricht er: Botz tauben ast / Herr Würt / wie ist der Wein so sawr? Antwortet der Würt: Vnsere wein sind der art / das sie erst im alter gůt werden. Spricht d' Landßknecht: Würt ja wenn er so alt würd das er auff krucken gieng / würde nichts gůts darauß.

Von zweyen Bawren die einem Apt schuldig waren.

AVff ein zeit waren zwen Bawren einem Apt schuldig etlich versessen zinß / vñ wurden zů rath / den Apt vmb lenger ziel zů bitten. Kommen fürs Kloster / vñ wurden von den Portner einner eingelassen / es war aber vmb essens zeit. Die zween eylten der Conuent stuben zů / vermeyneten den Apt allda zů finden. Der Apt saß mit seinen Edlen zů Tisch / vnd seine Diener an einem besondern Tisch. Nůn die zween Bawren die Thier auffthaten / vnnd den Apt zů

Tisch sitzen sehen / erschricket der eine Bawer / tritt hindersich / vnd gehet hinweg. Der andere aber gehet freuelich hinein / vnd drang zwischen die Diener hinein zům Tisch / vñ aß als hett er zinß bracht. Der Apt so baldt er das erblickt / spricht er zů seinem Edlen der neben jm

saß.

saß. Da sitzet ein schampar Bawer/ wie hat er sich hinein geflickt zům Tisch/ er ist mir nichts mehr schuldig. Welches faßt der Bawer in sein ohr/ vnd machs sich nach dem er gessen hat/ wider heim. Als er aber nachmals wider von dem Apt angesucht ward vmb die schuldt/ spricht der Bawer zům Apt: Gnediger Herr/ es ist ewer gnaden wol kundt/ das ich euch nichts mehr schuldig bin/ dann jhr zům neheren mal im essen sprachen zům Edelmann der neben euch saß/ Der Bawr ist mir nichts schuldig. Vnd der Apt ließ es auch also berůwen.

Von einem Bäwrisschen Bawren der neun tag ein Lässer was.

ES begabe sich das ein reicher Kauffmann seiner handthierung nach/ durch das Beyerland reyt/ vnnd wie er vngeferd einen gatter antraff bey eines Bawren hauß/ dardurch er reyten můßt/ den kund er nicht auffthůn/

thůn/ růfft den Bawren zů/ er solte jhm den gatter auffthůn. Der Bawer schrey mit heller stim̃/ Es ist niemand inn dem hauß/ das gesind ist auff dem Feld/ vnd ich liege vnter einem vmbhang bin ein Låsser. Spricht der Kauffmann: Wie lang bist ein Låsser geweßt? Antwort der Bawer: Morgen ists der neunt tag. Also thůt der Kauffman̄ mit vbel zeitēn den gatter zůletzt selb auff/ vnnd spricht zům Bawrn: Sehin da auff dem gatter ligt ein Taler/ vnnd thů der låsse gnůg/ (hat aber nichts dargelegt) vnnd reyt hinweg. Wie das der Bawr ersihet/ geschwind zům hauß auß/ vnnd wolt den taler holen/ fand aber keinen. Also ward der Bawer vom Kauffmann auß dem hauß genårrt.

Von einem Würt der seinen gåsten ein tracht vmb ein Taler verkaufft.

ES hatten sich gůt Nachbawren vereynt/ vnd wurden zů rath

ein gůt mal bey einander zů essen/ schlugens an in ein Würtßhauß/ da jnen alles wol zůgerůstet ward. So sie nün zů tisch sassen / trůg jnen der Würt dapffer auff. Redt sie offt an/ sie soltẽ gůter dingen sein / es gehe noch alles vmb sonst zů/ vnd eßt vergebens/ biß das er ein gůten gebratnen Kappaunen aufftrůg/ so spricht er: Das kostet ein Taler. Jn dem komt ein Rollwagen mit Kauffleuten die ghen Franckfurt wolten. Als baldt der Würt das erhort/ laufft hinauß/ vñ empfeht die Gäst. Nicht vngeschwind der Gästen einer die da assen / verbirgt den gebratnen Kauppaunen / vnd leßt die schůssel also leer stehn. Jn dem komt der Haußknecht/ vnd schencket ein. Der Gästen einer redt jhn an / sprechende: Haußknecht / bring mehr zů essen. Der Haußknecht forderet mehr speiß inn der Kuchen von der Würtin / vnnd bringt den gästen ein reyßmůß mit gebachnen Vischen vmblegt. Nach dem die gäst vnnd Nachbawren wol gelebt hatten/ hiessen sie den Würt die Zech machen/ welcher spricht: Liebe Gäst vnd Nachbawren/

bawren/was jr gessen habt/das gesegne euch Gott/vnd sey euch geschenckt/ohn allein der gebratne Kappaun kostet ein Taler/ vnnd haben hiemit vergůt. Der aber den Kappaunen verborgen hat/ spricht von aller wegen: Vns nit/ wir wöllen den Kauppaunen nicht so thewer kauffen/ vnnd gabe darmit dem Würt seinen Kauppaunen wider. Welcher jhn wider nam/ was aber nicht wol zůfrieden.

Von Kauffmans knechten/ die von Franckfurt auff her zů fůß heym zogen/ wie sie bey einem Würt/ Da nichts anderß haben wöllen essen/ dann Rugetta Läberlin.

NAch einer Franckfurter Meß haben etliche kauffleut auß dem Schweitzerland/ jre knechte zů fůß wider heim geschickt/ ein tag oder zwen ehe sie hernach kamen. Nicht weit von Speyer in einem Würtßhauß/ sind die Diener kommen/ welches an der straaß lag.

lag. Vnnd als sie nůn wol bezecht wa-
ren / wurden sie eins noch ein gůt maal
zů essen/nichts anders dann eytel Treu-
schen låberlin. Vberredten den Würt
das ers jnen zůrůste / ließ es jm aber wol
bezalen. Nůn so sie můthwillig genůg
waren gewest/sind sie dannen verruckt/
haben solches offt geübt / ehe sie heym
komen. Vber ein tag kamen jre Herren
hernach zů Ross/vnnd geriethen vnge-
ferd auch inn das Würtßhauß / da jhre
knecht die Treuschē låberlin gessen hat-
ten. Der Würt bots jnen wol nach sei-
nem vermögen. Einer vnter den Kauff
herren fraget dē würt/ob er keine Treu-
schen hett / solte jnen ein gůt essen visch
zůrůsten. Der Würt gedacht/möchten
dir die Treuschen noch ein mal bezalet
werden/kochet jhnen die Treuschen/de-
ren låberlin jre knecht gessen hatten. So
nůn die Kauffherren essen/vnd auch ei-
ner vnter jnē die låberlin sůchet/ fand er
keine/ deßhalb er den Würt zů red stalt/
sprechend: Würt die Treuschen sehe ich
wol/aber die låberlin nirgend. Antwor-
tet der Würt: Ich můß euch die war-
heit

heit sage / Es sind erst nächten etliche junge gesellen hie verruckt / haben mir die läberlin wol bezalt/geben jr vmb die Rugetten was jhr wöllen. Also gedachten die Kauffleut / gewiß sind es vnsere diener geweßt/vnnd bezalen dem Würt die Rugetten / gleich als hetten sie die läberlin gehebt. Vnd speyet je einer den andern / es gedacht aber ein jeder in seinem můt/Komb ich heym ich wils meinem Knecht wol vergelten.

Von einem Pfarrherren der seine vnterthanen straffet/ sie sollen einander nicht so freuentlich heyssen liegen/so doch einer leugt/soll gleich der ander darzů pfeiffen.

IN einem Dorff hats verwänte/schalckhafft/ böß Bawern/die offt im Würtßhauß vñ sonst mit schelten/vnnd einander hiessen liegen / zům offtermal zůsamen schlůgen/ vnd stachen/ welches der Pfarrherr zům dickeren

dickeren mal an der Cantzel jhnen hart gewehrt / vnnd aber leider nichts halff. Auff ein zeit an einẽ Sontag / so der gůt Herr nit viel gestudiert hat / vnnd seinen Bawren sölt predigen / fieng er aber an jnen jre scheltwort zů erzelen / sprechende: Jhr seyt doch vnselig Bawren / hab

euch jetzt eine lange zeit gewehret das flůchen / schweeren / heyssen einander liegen / Schlahen vnnd rauffen / nůn ist es aber jhe lenger jhe böser. Heyssen einander so freuenlich liegen / auß dem dann aller hader vnd zanck sich erhebt. So einer doch leugt / vnd der es hört sei-

ner

ner lügen halben straffen wil / spreche er nit trutzlich / Du leugst / sondern pfeiffe darzů / so wirts dann diser wol mercken / vnd in ein gespött ziehen. Pfuch es gezimet euch nit. Vnd das merckt auch ein schamparer bawer dahinden in der kirchen. Der Pfarrherr ließ von dem / vnd predigt jnen von der erschaffung des ersten Menschen / sprechende: Lieben vnterthanen der allmechtig GOtt / So er Himmel vnnd Erd gemacht / hat es jhn auch gůt gedeucht den Menschen zů machen. Vnd hat ein leymklotzen zů samen gewaltzet / geformieret wie einen Menschen / vnd demnach jn an ein zaun gelehnet / das er erkeckete. So das der schampare Bawer erhort / pfeiff er vber laut. Welches der Pfarrherr mercket / vn spricht: Wie Bawer / meinst ich liege? Neyn Herr / antwort der Bawer / wer hat aber den zaun gemacht / so noch kein Mensch auff Erden ist geweßt? Mann spricht: Wie der Pfaff / also sind auch seine vnterthanen.

Das Rollwagen

Von einem Weyhenacht Kind vnd dem Joseph/ wie er jm ein Müßlin kochet in der kirchen/ vnd einander in der kirchen schlůgen.

IM Bisthumb Cöllen beschahe es ein mal zů den Weyhenacht zeiten in der Christnacht/ das sie das Kindlein in derselbigen nacht wiegē. Vnd namen einen grossen Chorschůler/ der solte das Kindlein sein/ vnd legten das Kindlein Jhesu in ein Wiegen/ vnnd Maria die wieget es. Vnnd das kindlin fieng an gar hefftig zůschreyen. Als es aber nicht schweigen wolt/ laufft der Joseph geschwind hin/ vnd wil dem kindlin Jhesu ein můßlin oder brey kochen/ vnnd jhm zů essen geben/ damit es schweige. Jhe vester er aber kochet/ jhe mehr das kindt schreyt/ als es aber je nit schweigen wil/ nimmet der gůt Joseph ein löffel voll heysses Můß/ laufft mit zů der wiegen/ vñ stoßt dem kind den löffel mit dem heyssen Můß in halß/ vnd verbrant

brant dem kind das maul also vbel/ daß jm das schreien vnnd weynen vergieng. Das kind wischt geschwind in der Wiegen auff/ fiel dem Joseph in das haar/ vnd schlugen einander. Aber das kindt was dem gůten Joseph zů starck/ denn es warff jn zů boden/ vñ gieng dermassen mit jhm vmb/ das die leuth/ so in der Kirchen waren/ dem Joseph zů hülffe musten kommen.

Von zweyen Landßknechten die mit einander in Krieg zogen.

ZWen gůt gesellen zogen mit einander in krieg/ vnd als es sich dann offt begibt/ wenn man gemustert/ vnd die Knecht geschworen haben/ das man die Fänlin verschickt/ eins hieher/ das ander dort außhin/ also kamen diese zween gesellen auch von einander/ das sie lang nit zůsamen kamen/ biß das ein Schlacht geschahe/ vnd die hauffen geurlaubt wurden. Als sie aber im heymziehen waren/kamen sie auff der straaß vngefehrlich wider zůsamen/vnd reysen also ein tag oder zween mit einander/ in dem sich vil reden zwischen jhnen begaben / wie es eim jeden gangen war. Es war aber der eine sehr reich worden / vil gelts vnd kleynot vberkommen/ der ander hat gar nichts/deßhalb d̄ reiche sein spottet/ vn̄ sprach: Wie hast du jm doch gethan / das du so gar nichts hast vberkom̄en? Der arm antwortet/ vn̄ sprach: Jch hab mich meiner besoldung beholffen/nit gespielt/ noch den armen Bawren das jr genommen / sie haben mich zů vbel gedawrt. Diser sprach: So hör ich wol du bist der Krieger einer / denen Johannes in der wůste prediget/ sie solten sich an jhrem soldt benůgen lassen? Der arm antwort: Ja/ich meynt es were nicht vbel gethan. Der ander sprach: Ach neyn mein lieber brůder / dieselbige zeit ist nit mehr / es geht jetzt anders zů/ wenn du wilt barmhertzig sein / vnd nit drauff greiffen / vberkomst dein lebtag nichts/du můst jm thū/ wie ich jm gethan hab. Jch hab mich nit versaum̄t mit kisten

sten fegen/ vñ andern rencken/ du můsts nemen wo du es findst/ vñ dir niemands lassen zů lieb sein. Der arm gedacht der red nach. Es begab sich das sie zů nacht in ein kam̃er schlaffen gewisen wurden/ vñ der arm hat acht wo der reich sein seckel vñ kleinot hinlegt/ stund in allerstille vm̃ mitnacht auff/ vnd erwischt auß des reichē täschen ein gulden ketlein/ vñ etwan für 10. gulden müntz/ macht sich mit dem daruon vor tage. Da es aber tag ward/ erwacht sein gesell/ vnd fand seinen brůder nit/ gedacht gleich es wirt nit recht zůgehn/ vnd ergreifft sein bulgen/ sihet/ so manglet er der keten vñ des gelts/ darumb er seim gesellen auff dem fůß nacheilet/ vnd ergreyff jn zů Nürnberg/ ließ jn da gefenglich annemen. Vñ als ein ersamer rath den gefangē zů red stellt/ warum̃ er dem die keten sam̃t dem geld entragen hette? Gab er antwort: Er hat michs geheyssen/ der ander verneynets/ er hetts jn nit geheyssen. Dieser bestund er hett es jhn geheyssen. Nůn die Herren begerten ein rechten bericht vom armen/ wie ers jhn geheyssen hett.

Da erzelet der arm wie er jhm hette ein lehr geben / er solte thůn wie er jhm gethan hett / er solte kein barmhertzigkeit mit niemand haben / sonð solts nemē wo ers finde / er hett jm auch also gethan / so hette ers nirgends baß können bekommen vnd belder dann bey seim gesellen / der bey jm in der kam̄er gelegen wer. Also erkanten die Herren / er solt jm die ketten wider geben / vnd er das gelt behalten / damit er wider heym möcht zerung haben / vnnd dieser soll keinen also mehr lehren reich werden.

Võ einem Landßknecht / der nůr drey wort begert mit seinem Hauptmann zů reden.

EJn armer einfacher Landßknecht leidet grossen hunger / wiewol prouiant gnůg im läger war / so hat er doch kein gelt / das ers kaufft / derhalben treib jn die not dahin / das er für den Hauptmañ begert / in hoffnung er er solt jm etwas fürsetzen. Es hat aber der Hauptmann etlich groß Hansen zů gast geladen / deßhalben die Trabanten disen armē knecht nit für jn lassen wolten. Als er aber nůn ohn vnterlaß bat man solt jhn doch für den Hauptmann lassen / er hette nit mehr dann drey wort

mit jm zů reden. Was da auch ein nasser vogel vnter den Trabantē / den wundert was er doch mit drey worten künte außrichten / vn̄ sagt es dem Hauptman̄ bey der leng wie sich die red hat zůgetragen. Der Hauptmann mit sampt seinen

 gästen /

gästen/die auch wol bezecht warẽ/spra-
chen: Laß jhn herein/ vnd redt er mehr
dann drey wort/ so wöllen wir jhn in die
eysen schlahen lassen. Also ward er für
den Hauptmann in den Saal gelassen/
der jhn fragt/Was begerstu/das du mit
drey worten wilt außrichten? Antwort
der Landßknecht/Gelt/od Vrlaub. Da
lachet der Hauptmann/ vnnd alle seine
gäst/ vnd satzt jhm der Hauptmann ein
Monat soldt für biß zůr bezalung.

Von einem Schneider dem sein Fraw fladen für faden kaufft.

EIn alter karger Schneider hat ein schöne junge Fraw/derẽ er zů keiner zeit ein schleck vergunt. Vnd auff ein zeit gab er jhr gelt/ sie solt faden kauffen/ es was ebẽ nach Ostern/ das man die gůten warmen eyerfladen feyl hat. Vnd als das gůt junge Weib für die gůten newgebachnen fladen hin- gieng/ vnd sie jhr also wol in die Nasen rochen/ kam sie ein solcher grosser gelust

an/

an/ also das sie jr nicht kunt abbrechen/ vnd kaufft vmb das gelt fladen/ vñ trůg sie zů hauß. Der Mañ ward zornig/ vnd sagt: Jch hab dich geheyssen faden kauffen. Vnd flůcht jr vbel. Die gůt Fraw sprach: Ach mein lieber Haußwürt zürn nit so sehr/ es laut fast gleich/ faden vnd fladen/ ich habs fürwar vberhört. Der mañ schwig still vñ ließ es also hingehn/ vnd kaufft jm selbs faden. Es stund also an biß vm̃ den Herbst/ das der mañ aber zů schaffen hat/ vnd gab seiner Frawen gelt/ sie solt jm zwirn kauffen. Die Fraw kam auff den marckt/ da warē die schönstē birn feyl/ das sie nit mocht fürgehn/ vnd kaufft vmb das gelt birn/ vnnd als sie die heymbracht/ ward der Mañ aber zornig/ vnnd sprach: Jch hab dich nicht geheissen birn/ sondern zwirn kauffen. Die Fraw sprach: Lieber Haußwürt ich hab fürwar verstanden birn. Der Mañ gedacht in jhm selbs/ zwirn birn/ zwirn birn/ es laut schier gleich/ vnnd ließ es aber also hingehen. Es stund an biß vmb Sanct Martins tag/ da schicket er das Weib aber auß/ nätz kauffen. Die

Fraw

Fraw gedacht/ Du hast dein Mañ zwey mal genärret / was sich zweyt/ das dritter sich gern/ vnd kaufft ein Ganß. Vnd da sie die ganß zů hauß bringt/ verwundert sich der Mann/ vnnd sprach: Fraw ich hab dich nit geheyssen genß kauffen. Die Fraw sprach: Ich hab fürwar vber hört/ laut es nit fast gleich? Der Mann sprach: Neyn liebe haußfraw/ich můß dir die Ohren auffthůn/ auff das du nit gar taub werdest/ vnd erwischet ein gůt schwer ellenmess/ schlůg es jhr vmb den kopff vnd sprach zů eim jeden streich ein wort/ Faden/fladen/zwirrn/birrn/nätz/ ganß/ ꝛc. vnd treibe das so lang/ biß die fraw mordio schrey/ vñ sagt: O hör auff lieber Mañ / die ohren sind mir nů mehr wol dünn worden / ich wil nit mehr miß hören. Also was er jhr darnach befahl zůkauffen/richt sie fleisig auß/ vñ ward nit mehr jrr in den Nammen.

Einer lidde mit seiner Frawen lieb vnd leyd.

Ein

EJn Schneider vast ein zäncki-
scher Mensch / welchem die fraw /
wiewol sie fromb vnd trew was /
so kundt sie jm doch nimmer recht thůn /
er war allweg mit jr zů vnfriedē / schlůg
vnd raufft sie stät / deßhalb die Oberkeit

darein sehen můßt / vnd leget jn ein zeit-
lang in gefengnuß. Vnd als man meynt
er hette nůn wol gebůßt / er solte witzig
werden / vnnd mit seinem Weib furhin
freundlich leben / ließ man jn wider her-
auß / er aber můßt ein eyd schweren / das
Weib nimmer zůschlahen / sondern solt
freundlich

freundlich mit jhr leben / auch lieb vnd leyd mit jr leiden / wie sich vnter eheleuten gebürt. Der Schneider schwůr. Als er nůn ein zeitlang friedlich mit jr lebt / kam jhm sein alte weiß wider an / das er mit jr zanckt / er dorfft sie aber nit schlagen / darum̃ wolt er sie bey dem haar erwischen. Das Weib aber war jm zůgeschwind / vnd entsprang / da erwischt er die scheer vnd warffs jr nach / jagt sie im hof vm̃ / vnd was er erwischt warff er jr nach. Wenn er sie traff / so lacht er / vnd wenn er jr fehlt / flůcht er. Das trieb er so lang / biß jr die nachbawren zů hülff kamen. Der Schneider ward wider für die Herrn beschickt / die hielten jm für / ob er nit wüßte was er geschworn hett. Antwort der Schneider: Lieben Herren / ich hab mein eyd gehalten / hab sie nicht geschlagen / sonder wie jr mir befohlen habet / sol lieb vnnd leyd mit jhr leiden / das hab ich gethan. Die Herren sagten: Wie kan dz sein / sie füre doch ein grosse klag? Er antwortet / vnd sprach / Jch hab sie nůr ein wenig bey dem haar wöllen ziehen / also ist sie mir entwichen / da bin ich

jhr

jhr nachgeeilt / nach jr mit benglen vnd was ich erwischt hab / geworffen / wenn ich sie hab troffen / ist es mir lieb gewesen / vnd jhr leyd / wenn ich hab gefehlt / ist es jr lieb gewesen / vnnd mir leyd. Also hab ich lieb vnd leyd mit jr gelidden / wie jr mir befohlen habt. Man findt etwan solche Fantasten / mit denen man ein gantz jar zůschaffen hett / so man jhnen zůhörete. Die Herrn gebotē jm er solt sie nit mehr schlagen / auch kein lieb noch leyd in solcher gestalt mehr mit jr leidē / sondern sehen / daß das Weib kein klag mehr vber jn fürte / es würd jm nit mehr mit einem schertz außschlitzen.

Von einem armen Edelmann / der gelt entlehnet hett.

EIn armer Edelmann hat von einer Gemeind in einem Dorff etlich gelt entlehnet / vnnd sich verbriefft / auch aller schirm vnnd freyheit verzigen / wo er die zinß nit zů jren zilen erleget /

erleget/solt man macht haben auff jn zů leysten / oder jn gefenglich anzůnemen. Nůn ließ er etlich zinß zůsamen komen/ vnnd was jhm die Bawren entbotten/ so gab er nichts darumb/ also/ das sie zů letzt auff jhn leysten liessen. Aber jm lag nichts daran/dann wann sie schon lang

leysteten / můsten sie den kosten selbs zalen. Sie kundten jm nicht viel nemmen/ dann er hatt nichts. Also das sie entlich zů Rotweil erlangten/wo sie jn ergreiffen möchten/vnd er sie nicht von stund an augenblicklich zalte / das sie jn in gefengknuß legen möchten. Also fertigten sie ten sie ein Botten ab / der jn suchen solt so lang biß er jhn fünde / vnd kein lenger ziel solt geben / sonder von stundan gelt oder in gefengnuß legen. Der Bott ergreifft den Edelmañ in einem Dorff vnter eim Scherer sitzende / vnd ließ jm den bart scheren. Vnnd der Bott mit vngestümme für jn an / wolt das gelt von jm haben. Der Edelmann sprach: Thů gemach / ich wil dich zalen. Der Bott antwortet: Jch hab den befelch euch nicht von hand zůlassen / sonder von stundan gelt von euch zů empfahen. Der Edelmann sprach / Magst du warten biß ich den bart vollen abschir? Der Bott antwortet: Das wil ich thůn. Da sagt der Edelmañ zů dem scherer / Hör auff scheren. Vnd ließ also den halben bart stehē. Da sprach der bott: Junckherr wölt jr jn nicht zůuollen abscheren. Der Edel mann sagt / Neyn / du hast mir zůgesagt zůwartē / biß ich zůuollen geschoren habe / darum̃ so wart so lang du wilt / wirst nicht erwarten / das ich den bart gar ab schir / ich müßt dich sonst zalen. Da sahe der Bott das er betrogen ward / lieff eilends zů dem Schuldtheyß / vnnd wolt den Edelmann gefenglich lassen annemen/in dem halff jm der scherer daruon. Also wartet der Bott noch / biß er den bart gar abschirt/ vnd wirdt den Bawren nichts. Darumb ist es nit gůt/wenn die Bawren den Edelleuthen leyhen/es ist das widerspiel / die Edelleuth sollen den Bawren leyhen.

Von einem Landfahrer/ der Hundßdonier für Katzendonier den Kirschnern verkaufft.

VOr zeiten als man noch in aller Welt paternoster trůg / vnd die Katzendonier in hohem werde gehalten wurden / das etliche Krämer vnnd Landfahrer im land vmbher zogen / vñ mit den Katzendoniern hausierten/das ist/von hauß zů hauß sahen/ wo sie mochten gelt bekom̃en. Also war auch ein gůt gesell / ich acht das er auch zů Ryblingen gewesen war / wie mann dann

dann auch wol schampare knaben vnter den Landfahrern findt/ der kam gen Harlem in Holand/ als er schier die gantze Stadt außgehausiert hette/ vnnd aber wenig gelt gelöst/ hört er an der gassen vngeferd am fürgehn in einem hauß ein groß geschrey vnnd jubilieren/ ge-

dacht/ Hie hienein müßt/ es wirt etwas geben. Er tritt hinein/ vnd fragt einen aufftrager/ was das für leut werē. Welcher antwortet: Das ist der Kirschner Trinckhauß/ vnnd sind alle hie versamlet Weib vnd Mann/ die gantze Zunfft/

wie dann jhr brauch ist/daß sie zům Jar ein mal oder drey beyeinander gůter dingen sind/vnd hie zůsamen kommen. So das der Krämer hort/gedacht er würde nicht viel schaffen/vnnd were gern mit fug wider hinauß gewest/wußt aber nit wie. Also nam er sich an/er were ein hoffierer/dañ er auch Meister gesang kunt/dz sehr bey den kirschnern im gebrauch ist. Wie er nůn ein Lied oder zwey gesungen hett/zogen sie jhn zům Tisch/das er bey jnen seß/vnd mit zechte. Da er nůn auch ein trunck vberkã/hette auch gern gelt gelößt/forcht doch wo er viel von Katzendoniern sagt/sie würden jhn die stiegen abwerffen. Vnd fiel jhm ein/er wölt die steyn Hundßdonier heissen. Zoge sein kraam herfür/vnnd zeyget jhnen schöne Paternoster von Katzedonier/vnnd sprach: Liebe Herren/wer kaufft schöne Hundßdonier. Vnd gefiel jnen so wol/das er etwan vil verkaufft/vnnd macht sich mit dem gelt daruon/dancket Gott/das die Kirschner nit fast fragten/was Hundßdonier weren/vnnd er vngeschlagen daruon kam.

Von

Von einem Münch / der einer Tochter ein dorn auß dem Füß zog.

EIN Barfüsser Münch gieng auff der Termeney / vmb käß vnd eyer züsamlē / der hat in eim Dorff sonderliches vertrawen bey einer alten reichen Bäwrin / sie gab jm allweg mehr dañ einem andern Münch. Auff ein zeit kam er aber käß zü bettlen / vnnd als sie jm ein käß vnd die Östereyer geben hett / fragt er / Mütter / wo ist ewer Tochter

 Gred /

Gred/das ich sie nicht sehe? Die Mûtter antwort: Ach sie ligt da oben im beth/ vnnd ist gar schwach/ sie hat in ein dorn getretten/dauon jr der fûß sehr groß geschwollen ist. Der Münch sprach: Ich mûß sie gehn besehen / ob ich jhr helffen kônte. Die mûtter sprach: Ja lieber Herr Thilman/ so wil ich euch dieweil ein suppen machen. Der Münch kam zû der tochter/ vnd begreiff jr den fûß mit dem dorn / daruon sich die tochter ein wenig vbel gehûb/ aber die mûtter meynet/der Münch arbeitet sich also am dorn / vnd schrey der tochter zû/Leid dich mein liebes kind/so wirdt dir geholffen. Als aber der Münch fertig war / zoge er die stiegen wider hinab/ nam sein sack/vñ machet sich zûm Hauß auß. Die Mûtter sprach: Esset vor die supp. Der Münch sprach: Neyn / es ist heut mein fasttag/ dann er dacht wol es wer nit lang mist da zûmachen. Vnnd als die Mûtter zû der Tochter kam / befand sie das er anders mit jr gehandelt hett/dañ den dorn betraff/ vnd nam ein gûten pengel/ vnd wartet weñ der Münch auff der andern

seyten

seyten des Dorffs wider herauff keme. Vñ als sie jn sahe kommen / nam sie den pengel/hůb jn an jren rucken/ vnd in die andˀ hand ein kåß/vñ růfft dem Münch. Herr Thilman komt her/nembt noch ein kåß. Aber der Münch marckt dē bossen/ vnd sprach: Neyn můtter es wer zů vil/ es ist nit der brauch/man gibt nit zwey-mal für einer thür. Also drowet jhm die Båwrin mit dem pengel / vnnd sprach: Münch das laß dir gůt sein / das du nit für mein Thür bist komen / ich wolt dir sonst des dorns haben geben. Also trolt sich dˀ Münch daruon/ vñ kam nit mehr in das dorff kåß zů samlē/dañ er gedacht wol die můtter würds jm nit vergessen.

Von einem außgelauffnen Münch/der mit der geschrifft vberwunden ward.

EJN außgelauffner Münch / kam auff die löbliche Kunst der Truckerey/versprach sich 4. jar zů lernen. Vnd als er ein kurtze zeit darbey war/zohe er das gasthütlin baldt ab/also/das schier alles geschwetz sein war/was man sagt/so wolte ers baß wissen/dann die andern gesellen/vñ sonderlich auß der Bibel vnd Testament/vnd alle Menschen ertäubt er mit seim disputieren. Wie aber der brauch auff Truckerey ist/das man einander wol kan vexiren/also war auch ein Setzer/der ein grosser vexator/vñ jm sehr wol mit guten schwencken war/der sprach auff ein zeit zů dem Münch: Du treibst allweg viel geschwetz mehr dañ ander gesellen/vnd bist doch nicht gegründet in der geschrifft/ist es dir gelegen/so wil ich biß Sontag/so wir nicht dürffen arbeiten/ein kurtze Disputation mit dir halten/doch so ferrn/das da nichts gehandelt werde/dann mit der geschrifft/also das sich ein jeder mit der geschrifft behelff/vnd wehre/vnd sollen die andern gesellen zůhören/vnnd Richter sein. Der Münch war wol zůfriden/vñ versprachen also einand̄ die Disputation. Als nůn der Sontag kame/vnd sie zůsamen sassen/hett sich der Münch mit seiner Bibel/

bel/Testament/vnnd was er dann vermeynt für Bücher/jhm darzů dienstlich sein/versehen/der Setzer als ein grosser Speyvogel/hatt jhm in einen Sack gethan etwan fünff oder sechs pfund bůchstabē/welche man auch auff Truckerey nicht anders dann geschrifft heyßt oder nennet. Vnd als sie anfiengen zů dispu-tieren/vnd der Münch jm vil hoher vnd grosser fragen (als er meynt) auffgab/vnd der Setzer jhm stets mit lachendem mund/vñ spöttliche antwort gab/also dz der Münch verstund/dz er jn vexiert/(wie dann der Münch art ist/was sie dürffen dencken/dürffen sie auch thůn) wischt er auff vnnd viel dem Setzer ins haar/aber der Setzer war nicht faul/vñ wischt mit seim Sack herfür/darinn die geschrifft war/vñ schlůg sie dem München vmb den kopff vnnd lenden/wo er jn treffen kunt/das der Münch mordio schrey/vnd die gesellen jm zů hülff můßten kommen. Also můßt dieser Münch den spott zů den streychen haben/vnnd erkanten die gesellen/das der Setzer solt gewunnen haben/vnnd der Münch mit der geschrifft vberwundē wer. Also war der Münch darnach ein wenig still/ dañ wann er etwas anfieng / droweten jhm die gesellen auff die geschrifft/sprechende: Müß man aber die geschrifft empfindlich mit dir brauchen?

Von einem Bawren der wachend schlieff.

ZWen Bawrn warē güte Nachbawrn/vnnd die heuser zů nechst an einander. Vñ auff ein morgen/doch nicht gar zů frü/ kam der ein für des andern fenster/vnd klopffet mit einem finger daran. Aber der ander lag noch hinder dem ofen in der hell / vnd mocht vor faulheit nit auffstehn. Vnnd wie dieser also am fenster klopfft / schrey er mit lauter stimm herfür / vnd sprach: Wer da? Der vor dem fenster sprach: Jch bins Nachbawr Conrad / Was thůt jr? Der im beth gab jm wider antwort/Jch lieg hie vñ schlaff/ Was wer euch lieb nachbawr? Der vor dem fenster sprach: Weñ

jhr

jhr nicht schlieffen / wolte ich euch vmb ewren wagen bitten / ich wil aber schier wenn jr erwacht wider komen. Solche einfaltige Bawren findet man nit viel als diser / der meynt darumb er noch am beth lege / schlieff er auch.

Von einem abenthewrer zu Venedig / der sich stalt als wer er todt damit er sein hauß zinß bezalt.

ZV Venedig ist der brauch / wie fast an andern ortē oder in vil städten auch / also / das gewonlich haußzinß für alle andere schuldē müssen zalt werden / vnd haben fast die Centolomen oder Edelleuth die heuser zů verleyhen / dann man wol ein Edelmañ find / der so viel heuser hat / vnnd grosse zinß darauß auffhebt / dz er daruō mag ehrlich haußhalten. Es war aber ein Abenthewrer / ein verdorbner Würt / welcher zůuor manchē seltzamen schwanck gerissen hette / der war in das vierd jar in einē hauß gesessen /

gesessen/genant Allija nit weit von Venedig/ vñ hat noch nie kein zinß daruon zalt/ sondern den Haußherren oder Patronen allweg mit gůten worten vnnd betten auffgehalten/ biß so lang das er jm zůletzt für gericht bitten/vnd ließ vil kosten darauff treiben/jm auff die Pre-

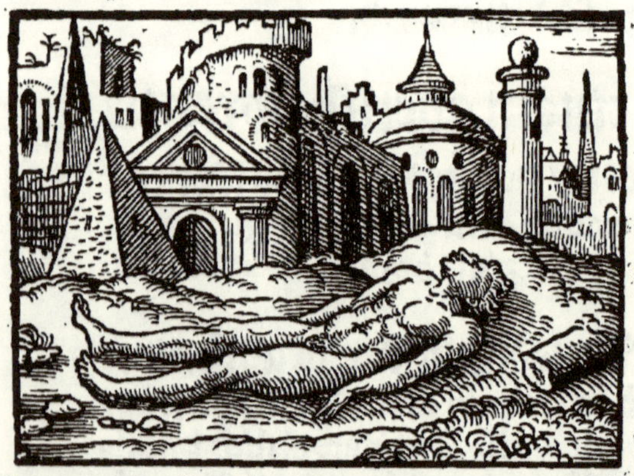

sun oder gefengknuß drowet/ damit diser verdorben würt wol gedacht es würde kein gůt end nemẽ/ deßhalben macht er ein solchẽ anschlag/mit seinem weib/ weß sie sich halten solte/ weñ der Haußherr wolt bezalt sein. Vnd auff einen tag als er wol wußt/das er kommen würde/

wartet

wartet er vnnd seine Fraw mit grossem fleiß darauff. Vnd als sie den Centolomen mit sampt den Schergen sahen komen/ nach dem die gaß zimlich lang wz/ das sie jhn wol sehen kunten/ vnd schon das hauß mit Schergen vmb die Thür/ ob er wolt entlauffen/ bewart war/ hat er mit seinem Weib diesen anschlag gemacht/ also/ das er sich in der kam̃er auff der Erden an den rucken niderlegt/ vnd dackt sein Weib ein schwartz thůch mit einem weisen Creutz auff jhn/ vnd zwey liechter also brennendt zů jm/ eins zům haupten/ vnd das ander zůn füssen/ aller gestalt als ob er gestorben/ vnnd ein leich wer. Wie nůn der Edelmañ für die thür kam/ vñ klopffet/ vnd sich die schergen verborgen hettē/ mit befehl/ so balt die thür auffgieng/ soltē sie hernach trucken/ vnd jn gefenglich annemen/ vnd in die Presun füren. Als jm aber die Fraw auffthet/ war der Edelmañ also erzürnt vnnd begirig auff den Würt/ das er mit der Frawen nicht viel wort macht/ sondern eillends die stiegen hinauff drang/ vnd die Schergen jhm geschwind nach.

Also

Also lieff jm die fraw auch behend nach/ vnd mit grossem schreyen/ klagen/ vnnd weynen/ stieß sie die kammerthür auff/ da der Würt in lag auff der Erde/ vnnd schrey mit lauter stimme/ O magnifica Munsior misericordia/ vnnd sagt dem Centolomen an/ er wer an der Pestia oder Pestilentz gestorben. Da das der Edelmann erhört (dann sie die Pestilentz sehr vbel förchten) erschrack er samt seinen Schergen so vbel/ das er schier vor angst zů ruck were die stiegen abgefallen/ eilt auß dem hauß/ vnd als er heym kam/ nam er sein Register/ oder schuldtbůch so vber die haußzinß sagt/ vnd vor schrecken vnnd zorn/ so thet ers nit wie sonst der brauch ist/ mit einer fed durch/ sonder weil er an der Pestilentz war gestorben/ war er seinem namen also feind das er das gantz blat/ darinn alle rechnung/ die diesen Würt betraff/ auß dem schuldtbůch reyß vnd verbrennt. Aber der Würt vnd sein Fraw seumpten sich nit lang/ sonder hetten ein andere kammer bestanden/ vnd lerten jm sein hauß/ also das diser Centelom nicht wußt/ wo

die

die Fraw hin war komen/ dann der versahe sich nicht anders/ dann der Mann wer begraben. Also blieb es etwan lang anstehen/ das sich diser Würt nicht wol dorfft lassen sehen/ vnd doch zůletzt thet er sich wider herfür. Vnd auff ein mal begegnet er dem Edelmañ auff Sanct Marx platz/ so er aber das ersihet/ thůt er geschwind das recht aug hart zů/ vnd gehet also sein weg fort/ der Edelmann stund still/ vnd sahe jm nach/ vnd sprach wider sich selbs: Affede Diu/ das ist zů Teutsch/ bey der warheit Gottes/ wenn dieser beyde augen hette/ so schwüre ich ein eydt/ mein verlorner schuldener were wider vom Todt aufferstanden. Als er jhm aber zům offternmal begegnen ward/ gewan der Edelmann zůletzt ein argwon/ vnd wundert sich je lenger jhe mehr/ das ein mañ dem andern so gleich solte sehen/ vnnd auff ein zeit gieng der Würt aber für jhn/ vnnd stiessen beyde so kurtz auff einander/ das der Würt hat vergessen das eine aug zů zůthůn/ darbey jn der Edelmañ ward erkennen/ vnd fiel jhm in sein Kapp/ vnnd sprach:

Ey du schalck gehst du noch da? vnd ich meinet du werest gestorben/ vñ schleyfft jn mit jm heym/ vnd zeucht sein schultbůch herfür/ wil sehen wie vil zinß er jm schuldig ist/ so kan er nichts darinn finden/ vnd besan sich erst/ das ers herauß hett gezerit. Also fragt er den Würt wie er jm gethan hette? Vnd als ers jm erzelt hett/ můßt er vor zorn lachen/ vnnd schanckt jm die schult gleich gůtwillig/ dann er gedacht doch wol er würd nicht viel können nemen/ wo nichts wer/ wiewol doch dieser Würt hernach wider reich ist worden/ vnd noch in kurtzen jaren glaubhafftig gelebt hat.

Von einem der dem andern halff sein Armůt essen.

EIn gůter Junger gesell zoge in den krieg/ verhofft auch eins males reich zů werden/ vnd wie aber der krieg nicht lang weret/ sondern wie man sagt/ ein loch gewan/ vñ die knecht geurlaubt

geurlaubt wurden/als dann offt geschihet/das jhr viel wider on gelt heym geschickt werden/also geschahe disem gůten Brůder auch. Vnnd wie er also biß heym garten oder bettlen můßt/kame er für eines Bawren hauß/der saß eben vber tisch vnd aß mit seinem gesind vnnd

kindern zůmorgen. Also klopfft jhm der Krieger an dem fenster/vnd begeret ein zerpfenning/auff das er mit ehrē möcht weitter kommen. Der Bawer sprach: Fürwar mein gůt gesell ich hab nit viel zehrpfenning hinweg zůschencken/das gelt ist in meinem hauß fast thewr/wilt du aber vergůt haben / so komb herein/ vnd iß mit mir so gůt ichs hab/so wil ich mein armůt die mir Gott bescheret hat/ gern mit dir theilen. Der Krieger hat sehr grossen hunger / vnd war fro das er zů essen kam/ setzt sich an den tisch / vnd fraß die armůt allein schier gar. Als er aber gessen / vnnd schier ein Hafen mit Milch außgetruncken hett/ deñ da war nit viel wein/sagt er dem Bawren grossen danck/vnd zog also daruon: vnd als er auff die straß kam/gedacht er erst den worten nach/das jn der Bawr vber sein armůt geladen hett / vnd sie jhm so wol hett geschmeckt / vnd ward in jhm selbs lachen/ vnd sprach: Jch besorg ich werde lang an diser malzeit műssen dawen. Also wenn er darnach vber lang gefraget warde/wie es keme/das er nicht einmal reich wűrde / gab er allweg zů antwort / er hette den Bawren sein Armůt geholffen essen / da hett er noch an zů dåwen/wenn die verdåwet were / so hofft er darnach reich zů werden.

Von

Von einem Furmann der nicht die rechte straaß gefaren war.

EIn Würt (es soll im Elsaß geschehen sein) name eines andern Würts tochter / ein hübsche schöne Jungfraw / als er meynt / vnd da er mit jr zů Kirchen gangen was / vnd auff zwen Monat oder ein wenig lenger mit jr haußghalten / fieng der gůten Jungfrawen an das bäuchlein auff zůgehen / vnnd geschwellen / dann der schad war lang daruor geschehen. Also fienge der gůte Mann ein argwon zů gewinnen / das die zeit so kurtz was / dann er hatte sie nicht lang gehabt / es mocht es noch nicht geben / das der bauch so groß solt auffgehn. Vnd auff ein zeit als er allein bey jr wz / sprach er zů jr: Mägdle / mägdle / die sach gehet nit recht zů / das dir der bauch also baldt groß wirdt / ich merck das du dich vbersehen hast / darumm wirst du mir die warheit sagen / wie es zů ist gangen / vnnd wenn das nůr kein Pfaff oder Münch oder Jud hat gethan / so wil ich dirs verzeihē / vnd beym nechsten lassen bleiben / vnd dich bey ehren behalten. Wo du aber laugnen wilt / vnd mir die rechte warheit nit wilt sagen / so wil ich dich von mir jagen / vnnd vor aller welt zůschanden bringen. Die gůt jungfraw bedacht sich gar kurtz / vnd sprach: Ach mein hertz lieber haußwürt / ich bitt dich vmb Gottes willen / du wöllest mir es verzeihē / ich wil mich all mein lebtag deßt baß halten / vnd dir bey meiner trew die recht warheit sagen / vnd sprach: Es hats fürwar ein Fůrmañ gethan / der ist in meines Vatters hauß zů Herberg gelegen. Der Mann sprach: Hey das dich Gott schend in Fůrmañ hinein / hast du also ein weitte straaß / vnnd můßt eben meiner Frawen / ich weyß nit wohin faren? Vñ ließ es gleich also gůte sach sein. Also blieb er vnd sie / auch jr Vatter vnd Mûtter bey ehren / vnd ward jhr schand nit außgeschryen / vnnd den leuthen die meuler mit gefüllt. Es wer schier gůt dz mancher also thet / man findet aber etliche narren / wenn sie jhre Weiber genůg schenden /

schenden/ vnd in jhr eigen nest scheissen/ nemen sie die denn wider zů jnen/ vnd sitzen dann beyde ins bad.

Von einem Münch/ der die Lutherischen mit einem panthoffel wolt geworffen haben.

IN einer Stadt im Etschland gelegen/ war ein Obseruantzer Münch im Barfüsser Kloster/ welcher alleweg ein groß geschrey auff der Cantzel treib/ vnnd allen Menschen kunte/ wie man sagt/ ein spetlin anhencken/ vnnd verdroß jhn sehr vbel/ wenn man nit zů seiner predig wolt gehn/ derhalben jm alle Menschen/ die nit zů seiner Predig kamen/ můßten Luterische Ketzer sein. Es waren aber zween ehrlicher Burger inn der Stadt/ welche von vnfals wegen in schaden komen waren/ also das der ein auff der Fechtschůl war vmb ein aug kommen/ der ander von einer Büchsen die zersprungen war/ vnd jm ein schenckel hinweg geschlagen hat/ derhalben auff einer steltzen gehn müßt. Als nůn diser Münch aber an die Luterischen Ketzer kam/ vnd sich sehr wildt stalt/ begab es sich das diese zween von vngeschickt auch in die Kirchen kamen/ villeicht das sie sein seltzame weiß hören wolten/ das marckt diser Münch/ vñ so baldt er sie sihet zů der Kirchthür hinein gehn/ fienge er behend ein solche materi an/ vnd sprách: Lieben freund/ jhr sehen wie es ein ding vmb die Luterischen ketzer ist/ das sie sich von der Můtter der heiligen Christlichen Kirchen/ vnd dem heiligen stůl zů Rom haben abgetheilet vñ gesündert/ welchs der recht leib vnd Cörper des heiligen Christlichen glaubens ist/ vnnd wir die glieder/ so wir vns nůn von diesem Cörper absündern/ vnd in die Luterisch ketzerey fallen/ so haben wir je den Cörper geschendt. Als nim̃ ein exempel/ Weñ ein gesunder Mensch vm̃ ein schenckel kompt/ ist nit sein gantzer leib geschendt? Oder so ein schöner mañ ein aug verlewret/ ist jm nicht sein gantz Angesicht verderbet? Darumb lieben freund/

freund / gehet der Luterischen Ketzerey müssig / ich weyß wol das jhr etliche hierinnen sind / wiewol sie es nit gestehn wöllen. Vnd mit diesen worten zeucht er geschwind ein Panthoffel von seinem füß / vnnd spricht: Was gilts ich wil jhr dort einen treffen / vñ holt ein wurff als ob er wolt werffen. Vnnd als ein jeder forcht er treffe jn / tuckten sich jhrer viel / vnd ward ein gelechter in der Kirchen. Also sprach der Münch: Ach das GOtt erbarm / ich straff vnd lere euch alle tag / aber noch wil es nichts erschiessen / dieweil ich sihe das noch so viel Luterischer Ketzer hie sind. Also liessen sie den München auff der Cantzel toben vnd wüten / vnd giengen alle Menschen auß der kirchen zů Hauß.

Von einem der Häring feyl hett.

EIn junger Kauffmañ fürt Häring auß Braband in das Oberland / wie er aber seiner schantzen nit wol warname/ oder die Häring sonst vberfüret wurden / oder vielleicht mehr acht hette zů schönen Frawen / dann zů seinem handel/ kan ich nit wissen/ ja inn summa/ das er ein mercklich sum̄a gelts auff derselbigen reyß verloren hett/ also das er schier nicht wider heym zů hauß dorffte kom̄en. Vn̄ also in einem grossen trawren vnd vnmůt / zog er zů fůß vber feldt heymwertz. Vnd auff der straaß/ traff er vngeferd ein gar vbel gemacht/ vn̄ vngestalt Crucifix an / stund also ein wenig still den Herrgott anzůschawen/ sein ellend vnd verlust zůbetrachten. Zů letzt spricht er auß einfalt oď auß grossem vnmůth den er hette / Ach du lieber Herrgott/wenn du auch Häring hettest feyl gehabt / so kündtest du nicht wol vbler sehen.

Von einem einfaltigen Bawren.

EIn einfaltiger Bawer kam in ein Kirchen/ vnd als er das Bildt Christi

Christi darinn geschnitzet fande/ mit vil blůts tropffen vbermahlt / als ob es gegeyßlet were / vnd er ein groß mitleiden

mit vnserm Herrgott hett / bettet er ein Vatter vnser/ vñ sprach zů letzt: Ach lieber Herrgott/laß dir es ein witzung sein/ vnnd komb nicht mehr vnter die schnöden bösen Jůden.

Ein Stadtuogt tranck Laugen für branten Wein.

Das Rollwagen

IN einer stadt im Schwaben-
lande / war ein Abenthewrer / ein
seltzamer Fatzmann / vnd wiewol
es nicht seines handwercks was / hatt er
alle morgen gebranten Wein feyl neben
seiner andern wahr / vnd hette aber sei-
nen laden zů nechst an der kirchthüren /
vnd alle morgen samleten sich ein gůte
burß von hantwercks gesellen / von mei-
stern vñ allerley volcks bey seim gebran-
ten Wein / also / das sie mancherley ge-
schwetz vnd newer mähren da außrich-
teten. Vnd da die Pfaffen da auß vñ ein
giengen / wurdē sie auch etwa von jn ge-
speicht / derhalben die Pfaffen verschůf-
fen / das jm durch die Oberkeit verboten
ward / auff kein Sontag mehr branten
wein feyl zů habē. Diß hielt er nit lang /
sondern fieng allgemach wider an / den
Laden am Sontag auffzůthůn / derhal-
ben jhm der Vogt offt drowet / er wolte
jm die Gleser sampt den branten Wein
nemen. Da diser obgemelter Abenthew-
rer vernam / rűstet er ein grosses glaß zů
mit laugen / vnd ein wenig saffran / oder
was er dañ darunder thet / weyß ich nit /
in sum-

in summa das es aller gestalt eim branten Wein gleich sahe/vnd stalt das auff ein Sontag auff den Laden. Solches ward dem Stadtvogt durch seiner diener einer von stundan zů wissen gethan. Also eilt der vogt in einem grossen zorn/ mit sampt seinen Dienern/dem branten Wein zů. Als jn aber der Abenthewrer von fernem sahe kommen / thet er alle andere Gleser vnnd Schüßlen hinweg/ vnnd ließ das Glaß mit dem gemachten tranck stehen. Vnd da der Vogt zů jhm kam / für er jn mit zornigen worten an/ Aber der Brantenwein Mann stalt sich einfaltig / als ob er erschrocken were / in dem erwischet des Vogtes Diener das Glaß / vnnd meynt er hette ein beut erholet. Als aber der Vogt sampt seinen Knechten zů hauß kamen / brachten sie ein grosse Schůssel herfür / vnnd schutten den branten Wein darein/ vnd secten Zucker darauff/ vnnd vermeynten ein gůte gebrennte suppen zů essen. Wie aber der Vogt / als der Herr / den ersten bissen asse / vnnd die Knecht geschwind hernach / sahe einer den andern an / vnd

ward

ward ein groß außspeyens vnd flůchens vnter jnen/ wie sie aber recht sahen was in dem glaß was / so funden sie das ein alte laugen was. Also schickt der Vogt zwen diener hinfür / sie soltē den schalck fahen/aber er hat sich hinweg gemacht. Morgens verklagt jn der Vogt vor den Herren/also ward er beschickt vnnd jhm gleyt geben. Da er für die Herren kame/ sagten die Herren: Sag an du Schalck/ wie darffstu eim solchen ehrlichen Mañ ein solchen wůsten Tranck für branten wein geben? Er antwortet vnd sprach: Gnedigen Herrn/ich hab jm den Tranck nit geben / sonder er hat mir das mit gewalt genommen / hette er mir ein gůten gebrenten Wein geheyscht / ich wolt jm wol ein haben geben / dann das glaß so er mir genommen hat / ist nůr also ein schawfal/das man sehe/das ich branten Wein feyl hab / auch wo es mir zerbrochen wůrd / das mir nit ein grosser schad gescheh. Also hiessen die Herrn den abenthewrer heymgehen/biß das man wider nach jhm schickte/vnnd hette der Vogt/ sampt seinen knechten den Schleck versucht.

Von

Von zweyen bösen Nachbawren.

ZWen Nachbawren / welche allweg mit einander zanckten / kamen für den Burgermeister einer kleinen vrsach halben / ob es vielleicht vmb ein Henne oder Endten zůthůn were / vnnd hatten beyd vil grosser klag. Also das sie den Burgermeister schier taub machtē / vnd er jrem geschwätz nimmer mocht zů hören / gab er jnen kurtzen bescheyd / der ein war aber ein neydige haddermetz / wie man jr wol mehr find / vnd da er sahe / das der Burgermeister seim Nachbawren nit ein sondere Saw gab / oder Geltstraff auflegt / ward er so hart ergrimbt / das er nicht wußte was er vor zorn sagen solt / vnnd sprach: Herr Burgermeister / noch ein böß stuck weyß ich von jm / er ist ein Widertäuffer. Der ander sprach: Gnediger Herr / er leugt inn sein halß / er ist selbs einer / vnd hat mich auch gewölt darzů bringen / vnnd thet ein grossen schwůr oder vier vn̄ sprach:

Wenn

Wenn es nit vor dem herrn Burgermeister wer/ich wolt dir den kopff zerschlagen. Der Burgermeister war fro das er jhrer abkam/vnd sprach: Gehet hin lieben freund/vnd vertragt euch selbst mit einander / dann ich sehe wol an ewerem schweren vñ neidigẽ nachbawrschafft/ das jr beyd keine Widertäuffer sind/ ich glaub nit das ewer einer/so er an ein backen geschlagen wer / das er den andern auch darhielte. Also kan ein Herr nicht baß mit solchen zenckischen leuten daruon kommen/dañ kurtz abgewisen/ vnd sich selbs lassen vertragen.

Von zweyen Roßtäuschern/die Schelmen tauschten.

ZV Franckfurt inn der Meß/ kamen zween Roßtäuscher zůsamen inn einer Herberg/die einander wol kanten/vnnd vor zů viel malen mit einander Roß getauschet / vnnd einander abgekaufft hettẽ. Es war aber der eyne

ein

ein tag vor dem andern in die Herberg kommen / vnd ward jhm sein Pferdt gestorben / vnnd von vnmůß des Schinders oder Wasenmeisters noch nit außgefürt / lag noch in einem besundern nebenstall also todt. Wie nůn der ander

auch auff den abend spat in die Herberg kame / vnd man schon zům nachtessen zů tisch gesessen war / das jm nit zeit ward in die ställ zůsehen wie jr brauch ist / was für Pferd dariñen stunden / sonder warde von stundan zů tisch berůfft / zů dem nachtessen. Vñ als er dẽ andern am tisch sihet sitzen / vnnd einander gegrüßt hatten / fragt der / der erst komen war / Haben wir nichts zů tauschē? Der antwortet / Ja / ich hab wol schelmen zů tauschen. Dieser sprach / Ich bin zůfrieden / ich wil dich wol geweren mit einem Schelmen / dann er hat ein Roß das hanck an allen vieren / vnnd war an einem auge blind / vñ vnter dem sattel geschunden / in Summa er meynt nit das er ein grössern schelmen finden möcht / vnd sprach: Es gelt wol welcher den grösten schelmen hat / der hab gewunnen. Nůn sassen ander gůt ehrlich Kauffleuth vnnd Fůrleuth auch am tisch / die redten auch darzů / wie man dann thůt / vnnd ward der tausch also beschlossen / das der mit dem grösten Schelmen solt gewunnen haben / vnd solt der ander das gloch bezalen / alles was die Kauffleut vnd alle so am tisch sassen verzehren. Als man nůn gessen hatte / vnnd der Tisch auffgehaben warde / giengen sie in den stall zů besehen / welcher gewunnen hett. Da fande der erst sein Roß in der strewe ligen / vnd hett alle vier von jm gestreckt /

vnd

vnd war vnter dem sattel geschunden/ vnd hett den Wurm / in summa es war ein schelm an allen vieren / das alle so darbey waren / für ein schelmen genůgsam erkanten / vnd dieser meynt er hett gewunnen. Aber der ander sprach: Mir nit also / gehet her mit mir / ich wil euch ein schelmē weisen/dz ein schelm heisset/ Vnd fürt sie in ein nebenstall/ da lag ein Pferdt jetz biß an den vierdten tag tod/ vnd fieng schon an zů stincken. Da das die erbaren leut sahen vnd schmackten/ wolt jr keiner hinzů / Sondern fiengen ein groß gelechter an. Vnnd erkanten/ das der mit dem todten Roß solt gewunnen haben / vnnd můßt der ander das gloch bezalen.

Von einem der ein ehrlichs erbietten an die Herren thet/ er were sonst gehenckt worden.

EIn vnnützer nasser vogel / als man dann solche gesellen pfleget zů heissen oder nennen / welcher zů viel malen vm̃ kleine diebstal in der gefengnuß gelegen war / doch sich all mal außgeredt hett / das er allweg daruon kam. Aber doch zůletzt das also vil trieb / das es nimmer erlitten mocht werden / derhalben er wider gefangen ward / vnnd

rochen die sachen also zůsamen / das er mit Keyserlichem Rechten zům Todt verurtheilt ward / das man jn solt hencken. Da jhm aber die Herrn das vrtheil brachten / wie man dann thůt / ein tag oder drey daruor / ehe das man jhn abthůt / damit er sich kündte darein schicken.

cken. Vnd da er vername/das man jhn solt hencken/stalt er sich also seltzam vñ greußlich/das sich die Herren verwunderten/vnd da er lang mit viel worten sich der vrtheil gewidert vnd angezeyget/wie sie jn gar nit anzůnemen were/dann sie were jm zů streng/er künts nit erleiden/In sum̃a/sprach er: ich würd die vrtheil nit annemen/Gott geb was jhr machet/so werd ichs nit thůn. Aber also wil ich jhm thůn/damit jhr meine Herrn sehen/das ich selbs nichts vnbillichs begern wil/thůt eins/vñ schneidet mir beyde ohren ab/vnnd hawet mich mit růthen auß/vnnd wil euch noch zehen gulden darzů geben/ist das nit ein erbars vnd ehrliches erbieten? Des ehrlichen erbietens můsten die Herren lachen/brachten es also hindersich an jr Oberherrn. Also wurden sie zů rath/vñ kamen seim ehrlichen erbieten nach/vñ sagten jm wo er mehr keme/so můßte er den Galgen vmbreissen/oder daran erworgen. Also kam er nimmermehr.

Von einem Kauffmann/ der sein lebtag nicht hett lenger Eln gesehen.

IN der zeit als der thewr Frãtz von Sickingẽ/löblicher gedechtnuß / mit denen von Wormbs Krieg führt / derhalben es etlicher maß sorglich auff dem Rhein zůfaren war/ entschlussen sich etlich Kauffleuth von Antorff vnnd Cölln / das sie jhre gůter auff der achß ein anď straß auff Franckfurt in die Meß wolten lassen gehn/vñ auch selbs mit reyten/vnnd allweg darbey bleiben / vnnd als viel als weren sie Gleytßleut. Es waren aber etlich gůte schlucker / die sich des steygreyffs dazůmal ernehrten (GOtt sey lob das es nicht mehr geschicht) denen waren dise Kauffleut verkundtschafftet / die traffen dise Kauffherrẽ an einem gelegnen ort nicht weit von Franckfurt an / vnd wie dañ jr brauch ist/fůren sie die kauffleut mit einer solchen vngestümme an/

das

das jr etlich dauon entrittẽ / etlich fiengens vnd bunden sie / vnd also in jhrem beywesen hawen sie die wägen auff / vñ was jhnen gefiel / das namen sie. Als sie aber an die Tůcher / Sammat / Daffat / Atlaß / vnd Damast kamen / vñ zerhawen / vnd die mit jhren Reyßspiessen außmassen / vnnd vnter einander theilten / grinen etlich Kauffherrn / aber sie spotten jr daran. Zůletzt kam es auch an einen / der gedacht / was wilt darauß machen / du kanst jm nit thůn / laß es gleich gehen wie Gott wil. Vnd da sie sein seyden vnnd Thůch oder Barchet also mit den spiessen außmassen / stund er vñ lachet dz er erschüttlet / des sich die Reyter sehr verwunderten / vnd als sie jn fragten / was er also lachete / sprach er: Jch můß lachen / dann ich hab Kauffmannschafft alle meine tage / von jugent auff gebraucht / vñ so manchen Marckt vnd Mess / in Deutsch vnd Welschland besucht / auch zů Paryß / da doch ein lange Elen ist / aber all meine tag hab ich lenger Elen nit gesehen / dann jhr da brauchen / Jch glaube / wenn jhr auff einen

Marckt kemen/vnnd solch gůt maß geben/jr wůrden ewer wahr baldt vertrieben haben. Auß disen gůten schwanckreden můßten die Reyter lachen/vnnd sprach einer vnter jnen: Ich glaub das du auch ein gůt gesell seyest/vnnd wurden rätig/das sie jm sein war allesampt wider schanckten/vnnd macheten sich mit dem vbrigen daruon/dañ in solchen hendeln ist nit lang mist zůmachen.

Von einem Pfaffen/der sich erbot seinen vnterthanen das Sacrament in dreyerley gestalt zů geben.

Ein armer vngelehrter Pfaff/stalte nach einer gůten reichen Pfarr/dann er hort wie sie so viel einkomens hette/derhalb sie jm wolgefiel. Es war aber nit vmb das schäflin weyden zůthůn/sonder er verhoffet viel gelts darauff zů vberkommen. Vnd als er nůn viel vnnd offt darumb gebetten/vnnd geloffen hette/ward er von den Bawren

Bawren auff ein Sontag bescheyden/ so wölten sie mit jhm handlen/ vnd auff die Pfarr annemen. Da nůn derselbig Sontag kame/ erschein der Pfaff vor dem Schultheyß vnd gantzen gericht/ in bey sein des Amptmanns. Vnnd als nůn alle ding was bestelt/ was er solt zů

lohn haben/ als behausung/ den kleinen Zehenden/ vnnd etlich viertheil frůchten/ als Rocken/ Weytzen/ Gersten/ Habern/ Wein vnd Gelt/ des der Pfaff nůn sehr wol zů frieden was/ abgeredet vnnd beschlossen war/ name jhn der Schultheyß auff ein ort/ vnd sagt jm in einer geheymnuß / Lieber Herr Pfarrherr / nach dem jr bißher im Bapsthumb euch haben gehalten / solt jr wissen / das es in disem Dorff ein ander gestalt hat / dañ wir sind hie gůt eigenwillisch / darumb můßt jhr vns das Sacrament inn zweyerley gestalt reychen / nemlich inn Brot vnnd Wein. Der gůte Pfarrherr forcht / wo er sich dessen widderte / die Bawren geben jhm wider vrlaub / derhalben war er gůtwillig / vnd sprach zů dem Schuldtheyß: Das wil ich gern thůn / damit jhr solt sehen das ichs trewlich vnd gůt mit euch meyne / so wil ich es euch in dreyerley gestalt geben / als nemlich Brot vnnd Wein / vnd den Käß darzů. Das gefiel dem Schultheyssen fast wol / vnnd sagt / er wolt es an seine Bawren hindersich bringen / ob sie sich darmit wolten lassen benůgen.

Von einem Fackinen / der sich stalt / als künt er nit reden / vnd damit einer grossen straffe entgieng.

ZV Venedig ist der brauch / nach dem das nit Pferd vnnd Karren da sind / vñ fast alle ding auß eim hauß ins ander / oder von eim platz zů dem andern getragen werdē můß. Es hat aber vil vnd auff allen plätzen gůte vnd arme gesellen / die man Fackinen nennet / das offt einer zween Deutsche Centner / vnd mehr tragen mag / vnd wirdt jnen offt mancherley seltzams ding auffgelegt zůtragen. Also trůg diser gůt arm Fackin auch einen Haußrath / darunter dañ etwas / ich weyß nit ob es ein spieß / trifůß oder brunnhacken was / vnd wie jr brauch / nach dem dañ die gassen sehr eng sind / das sie schreyē / Warda / Warda / das ist auff deutsch / Auffsehen / oder / Schonet ewer / oder wie man an etlichē orten spricht: Weichend. Wie nůn diser gůt Fackin sehr schwer geladen / schrey er nůn zům offtermal/vnd aneinander/ Warda/Warda/was er schreyē mocht. Es was aber ein hochmůtiger Centelom/welcher vor hoffart meynt der Fackin solt jhm weichen/vnd sie kamen so nahe zůsamen/das der Fackin dem Edelmann in einem ermel mit vorgemeltem eisen behieng/darum̄ der Edelmañ so sehr erzůrnet/das er von stundan den Fackin ließ inn Presun legen/vnnd als dann die Edelleuth grossen gewalt haben/vermeynt jm auff morgen ein strapacorda lassen zů geben. Wie er jn aber morgens vor dem Official oder gericht verklagt/ da war ein redner den erbarmet der gůte arme Fackin/vnnd bat die Herren/man solt jn dem armen gesellen lassen das wort thůn. Da es jhm zůgelassen war/nam er den Fackinen an ein ort/vnd sagt zů jm: Weñ du für das gericht kompst/so stelle dich aller gestalt/ als küntest du nit reden/vñ laß bey leib kein wort auß dir bringen/so man dir schon drowet zůschlagen/laß mich machen. Der Fackin thet wie jhn der Fürsprech hieß/vñ als er für die Herrn kam/

kundt

kundt man kein wort auß jhm bringen/ sonder stalt sich/ als ob er nit redē künt/ oder ein Narr wer. Da sprach der Fürsprech: Lieben Herrn/ was sol ich auß jm machen / er kan nit reden noch mich berichtē / was ich von seinet wegen reden sol. Da das der Edelmañ erhört/ sprach er mit zornigen worten: Hey du schalck/ kanstu jetzund nit redē/ vñ necht schreyest in der gassen / als werestu vnsinnig/ Warda/ warda. Da das die Herrn horten/ sprachen sie: Hat er also geschryen/ warumb seyt jhr nit auß dem weg gangen? vnd spotteten des Centelomen.

Von einem der einen Fürsprechen vberlistet/ vnd hett jn der Fürsprech das selbs gelehrt.

EJner ward vor dē gericht vm ein sach angesprochen/ des er sich wol versahe/ er würde on gelt nit daruon komen/ das klagt er einem Fürsprechen oder redner/ der sprach zů jhm: Jch

Jch wil dir zůsagen auß der sach zů helfen/ vnnd ohn allen kosten vnd schaden daruon bringen/ so ferꝛ du mir wilt vier gulden zů lohn für mein arbeyt geben. Dieser war zůfrieden/ vnd versprach jm die vier gulden/ so ferꝛ er jm auß der sach hůlff/ zů geben. Also gab er jm den rath/

wenn er mit jm für das gericht keme/ so solt er kein ander antwort geben/ Gott geb was man jn fragt oder schalt/ dann das einig wort/ blee. Da sie nůn für das gericht kamen/ vnd viel auff diesen geklagt ward/ kunt man kein ander wort auß jm bringen/ dañ blee. Also lachtẽ die

Herꝛen/

Herren / vnd sagten zů seinem Fürspre-chen: Was wölt jhr von seinet wegen antworten? Sprach der Fürsprech / ich kan nichts für jhn reden / dann er ist ein Narr / vnd kan mich auch nichts be-richten / das ich reden soll / es ist nichts mit jhm anzůfahen / er sol billich für ein Narren gehalten vñ ledig gelassen wer-den. Also wurden die Herren zů rath / vnd liessen jn ledig / darnach hiesch jhm der Fürsprech die vier guldē. Da sprach dieser: Blee. Der Fürsprech sprach: Du wirst mir das nit ableen / ich wil mein gelt haben / vnd bot jm für das gericht. Vnd als sie beyd vor dem gericht stun-den / sagt diser allweg blee. Da sprachen die Herren zům Fürsprech? Was macht jr mit dem Narren / wißt jr nicht das er nicht reden kan? Also můßt der redner das wort Blee für seine vier gul-den zůlohn haben / vnnd traff vntrew jren eygen Herren.

Woher

Woher kompt/ das man spricht/ Ey du armer Teuffel/ vnd herwiderumb/ Das ist eben des Teuffels danck.

ES war ein gůter einfeltiger Mañ/ der kam in ein Kirchen/ da stund das bild Christi gemalt auff das schönst/ dem zündt er ein liechtlin oder

oder ein wachßkertzlin an / vnnd bettet daruor. Vnd wie er also vmbher gieng die Kirchen zů beschawen / dann er zů-uor nie darinnen gewesen war / so findet er den teuffel auff das aller scheußlichst in einem finstern winckel auch gemalt / das er gleich ab jm erschracke / vnd also vnbedachter weise / sprach er: Ey du armer Teuffel / wie stehest du doch so ärmlich / ich wil dir recht auch ein liecht anzünden. Nicht lang darnach träumt disem gůten Mann / wie jhm der Teufel in einem Wald begegnet / vñ sprach: Gůter freund / du hast mir zů nechst ein liecht angezündet / darumb ist billich / das ich dir widergeltung thůe / vnd dir ein ehr beweise / darumb so komme her mit mir / so wil ich dir ein ort zeygen / da ein grosser schatz begraben ligt / den solt du außgraben / vnd von meinet wegen verzehren. Vnd fürt jn mit disen worten zů einem hohen baum / vnd sprach: Gehe heym / vnnd hol bickel / schauflen vnnd hawen / damit du jhn außgrabest. Den gůten Mañ daucht im schlaff / wie er spreche / ja ich werd aber diesen baum nicht kōnen finden. Der Teuffel sprach: Scheyß darzů / so wirst du jhn bey dem selben wider finden. Der Mann folget dem Teuffel / vnnd vermeynt er schiß zů dem baum / Vnnd da er erwacht / hett er in das beth geschissen / vñ lag im dreck / derhalb jm die fraw ward vbel flůchen / dann sie das beth můßt wider wåschen. Da sprach dieser fromb Mann / Das ist eben des Teuffels danck / vñ sagt seiner Frawen / wie es jhm gegangen were / die spottet erst sein darzů.

Von einem einfeltigen Bawren / der da beichtet / vnd kundt nit betten.

EIn einfeltiger Bawr beichtet einem Pfaffen / vñ als er schier alle seine bōse stuck erzelet hett / als nemlich wo er sahe ein andern zwen rote nestel in den hůt ziehen / so zohe er allweg drey darein / vnnd am tantz sihet er allweg / das jm die hübschte Metz auff-

zůziehen

züziehen ward / vnnd so jhm das geriet / sahe er allwegen / das er höher dann ein anderer sprang / vñ solche schwere sünden bekant er jm viel. Sprach der Pfaff zů jm: Kanstu auch betten? Der Bawr sprach: Neyn. Der Pfaff sprach: Du můßt es lernen. Der Bawer sagt: Ich

kans nit lernen / ich habs offt versucht. Wolan / sprach der Pfaff / so gib ich dir zůr bůß / das du ein gantz Jar lang alle tag wöllest sprechen: O du lam̃ Gottes / erbarme dich vber mich / vnnd wenn du das in einem Jar lernest / so wil ich dich darnach mehr leren. Der Bawer sagt /

Jch wils thůn. Also war er absoluiert. Da er nů die bůß anhub zů betē/ sprach er allweg: du Lamb GOttes erbarme dich mein/ biß vmb S. Johanns tag/ da sprach er darnach: O du Schaf Gottes erbarm dich mein. Vnd da es weiter im Jhar hinein kam/ biß auff den Herbst/ sprach er: O du Hammel Gottes erbarm dich mein. Auff das ander jar in der Fasten/ kam er wider zům Pfaffen seinem Pfarrherr/ der fragt jhn/ ob er auch ein bůß hett gebetet/ wie er jm hett auffgesetzt? Der bawr sagt jm/ wie er die nammen dem Jhar nach verwandelt hette. Der Pfaff sprach: Warumb hast du es gethan? Der Bawr sagt: Jst es nit zům ersten ein lamb/ vnd darnach ein schaf/ vñ zůletzt ein hammel. Da lacht der Pfaff vnd gedacht/ hat dich bißher niemand leren beten/ so wil ichs auch nit vnderstehen/ vnd ließ jhn gleich also beten/ was er wolt/ es stehet auch wol darauff/ der Bawr solt frömmer sein gewesen/ dann der Pfarrherr.

Wie ein Landßknecht mit seinem wolspringen vmb ein schönes Mägdlin kam/vnd můßt die nacht neben einer Sewsteygen vber nacht ligen.

ES haben die frommen Landßknecht (Gott verzeih mirs) einen brauch im land/ vnnd sonderlich im Land zů Schwaben/vnnd auff dem Schwartzwald/ dz sie winters zeit auff der gart vmbziehen/ stürmen die armen Bawren vmb speiß/brot/eyer/saltz vnd schmaltz/da můß mancher armer mann geben / es sey jhm lieb oder leyd/wiewol sie niemand zwingē / bitten sie aber offt mit solchen schimpfflichen worten/das sie jnen mit willen geben / dañ sie förchten jrer schewren vñ ställ. Es habē aber gemelt landßknecht ein gemerck/ wo sie jhre herbergen nachts haben / da malen sie an die stubenthüren Burgundische creutz mit estē/wo dañ einer der schlecht fromen gartbrůder in ein stuben komt/

vnnd findet diß zeichen an einer wandt oder thüren stehn/ begert er gar nichts/ sonder wend sich mit güten worten wider zů ruck/ vnd sagt: Hey/ ich sihe wol/ das ist ein Landßknecht Herberig/ habt mir nichts zů vngůt. Kompt aber einer auff die nacht/ so hat er auch die freyheit vom Bapst (also meyn ich) darff er nit lang vmb Herberg bitten/ der Haußvatter weyß bescheyd/ můß jm Herberg geben/ nach vermög jr Priuilegia. Nůn es begab sich auff dem Wald/ das auch ein gůter junger Landßknecht/ so noch nit gar wol gestudiert hatt/ in grossem hunger vnnd armůt sich můßt der gart behelffen. Der kam in eines reichen bawren hof/ sprach jhn vmb Liferung an. Der Bawer saß ferrn von den Leuthen auff dem Wald/ hatt nicht mehr dann ein einige nachbäwrin/ die was ein witfraw/ die hatt ein schöne tochter/ züchtig/ vnd fromb/ die wußt auch dise knaben zů Herbergen/ das wußt der bawer auch an jnen beyden/ darumb sagt er zů dem Gartknecht: Lieber Kriegßmann/ ich hab sehr vil kind vnd gesind/ darumb

weyß

weyß ich dich auff dißmal nit zůhalten / hie hast du gelt damit du ein maß wein magst bezalen / das nim̃ zů gůt / vnd gehe in dz hauß / so du dort sihest / da wirst du one zweiffel gůte Herberg bekom̃en / du magst dich auch so fein vñ geschickt halten / du magst ein Erb vnnd besitzer des hauß vnnd hofs werden. Der gůte hach / so noch nicht mit dem Teuffel zůr schůlen gangen was / glaubt dem bawren seiner wort / kam zů der witfrawen / sprach sie vmb Herberg an. Die gůte Fraw sagt jhm Herberg zů / mit dem geding / wo er sein eigen brot hette. Ja saget der Landßknecht / auff diese nacht hab ich brot für vnser drey. Also wurden sie der sach eins / sassen zů Tisch. In dem aber die Tochter zům Tisch kame / sahe sie der gůt gesell gantz freundtlich an / Ach saget er / were doch ein Weinschenck verhandē / ich hett ein par maß Wein zůbezalen. Die můtter sagt: Lieber mein son / hast du lust Wein zůbezalen / mein Nachbawr auff dem hof hat noch gůten Wein vmb gelt zů verkauffen / dann er auch bey weylen gäst vber nacht vmb gelt herberget/darumb wilt du so mild sein/ vnd ein maß wein kauffen / so wöllen ich vñ mein tochter auch eine bezalen/so dann wil ich vns schwebische zelten darzů bachē. Der gůt brůder Veit meynt/die glock wer schon geformbt/sein beutel můßt sich ergeben/ darinn fand er mit aller marter für zwo kanten Wein. Die jung lieff baldt auß nach wein/ die alt bůch zelten/ in sum̃a/ sie sassen zůsamen/waren leichtsinnig. Als nůn die alt meynt/ die zeit wer vorhandē/sagt sie: Lieber mein son/ ich wil dir nicht bergen/ ich vnnd mein tochter sind allein in diesem hauß/ haben nicht mehr dann zwey beth/ nůn kan ich dich als einen milten außgeber/ nit allein ligen lassen/darumb wöllen wir drey mit einander springen/ welche zwey dann am weytesten das zil erreychen/die sollen dise nacht bey einanđ schlaffen. Der gůt kerle was der sachen wol content/ dann er meynt/wie dann auch geschah/ die jung würd baß dañ die alt springen mögen. Sie wurden der sach zů frieden. Die alte legt das ziel weit für das hauß hinauß/

hinauß/sie thet auch den ersten sprung/ vñ sprang gar ein wenig hinauß/demnach sprang die tochter/vnnd thet gar ein dapffern sprung/des frewet sich der Landßknecht auch/er meynt der tochter dapffer zů zůspringẽ/damit sie zwey zůsamen kemen/also der Landßknecht mit grossen freuden/aller seiner armůt vergessen/sprang gar weit vber das ziel hinauß/Jn dem schlussen die můtter vñ tochter die thüren vor jm zů/botten jm sein halb spießlin zů einem schlitzfenster hinauß/vnd sagten: Ho/Ho/du bist gar zů weit vber das ziel gesprungen. Der gůt arm tropff hat sein gelt/mühe/arbeyt vnd kosten vñ sonst gehabt/wolt er die nacht nit im regen ligen/můßt er sich vnter einer sewstigen oder sewstall behelffen. Des morgens kam er wider zů dem bawren/so jm die herberg gewisen hatt/der fragt jhn/wie jm gelungen were? Er sagt jhm anfang/mittel vnd end. Also hatt er jn ein mal zů gast/weiset jn darnach weiter/warnet jhn auch vor solchen starcken springen/darmit er nit vber das ziel sprünge.

Von einem Fuhrman/welcher seinem Pfarrherr nit hundert Ostgotten füren wolt.

GUte einfeltige fromme Leuth findet man noch inn aller Welt/ aber meines geduncken wenig vnter den fürleuten/wie dieser Fürman auch gewesen ist. Es fügt sich das ein Fürmann vber Land rollet mit einem leeren Wagen/ der kam für ein Kloster/ welches eintzig im feld lag/ darein hett er etliche brieff zů lifern. Als er nůn die brieff

brieff vberantwortet / befahl der Apt im Kloster man solt jn heyssen außspannen / die Pferd in stall füren vnnd füteren / vnter des möcht er auch essen. Diß nam der gůt Roller mit grossem danck an / versahe die Geul / vnd saß demnach zů den Conuent Brůdern nider / hat einen gůten můt / zecht jm sein haut voll / dañ er gedacht wo die ürten wer schon bezalt / wie dañ in den Klöstern gewonheit ist. Nůn was ein alter brauch inn dem Kloster / das sie im gantzen Land auff sechs oder acht meyl alle Pfarren mit Ostgotten versahen. Zů der zeit wz ebē auch ein Pfarrherr von einem Dorff so auff drey oder vier meulen daruon lag / im gemelten Kloster / der dazůmal auch Ostgottē kaufft hat / der hört das der Fůhrmann durch sein Dorff rollen würd / Darum̃ er sich dann etwas zů jm gesellet / vnnd fragt / ob er nit ein trinckgelt nem / vnd jn mit jm rollen ließ? Ja / sagt der Roller / gern liebs Herrlin / was habt jr mehr zů füren? Nichts sunders / sagt der Pfarrherr / dann zwey hundert Herrgott. So kan ich euch nicht füren /

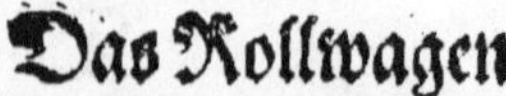

wenn jr aber sonst ein faß oder pack hetten / solt mir gar nichts daran gelegen sein. Warum̃ / sagt der Pfaff / was jrꝛen dich die Herꝛgott auff den wagen? Lieber Herꝛ / saget der Roller / wenn es einer oder zehen weren / wolt ich ein vber eintzigs thůn / wo wolte ich aber zwey hundert auff meinen Wagen setzen? Neyn / lieber Roller sagt der Pfaff / du verstehest mich nit recht / sie sind nicht groß / dann ich trag sie allesampt bey mir inn meinem ermel inn einer kleinen bůchsen. Ja sagt der Fůhrmañ / sind es solche geschmeidige Herꝛgott / so wil ich euch gern fůren. Als sie nůn gessen hatten / fůrẽ sie mit einander daruon. Nůn hatt der Fůrmann sehr vil getruncken / vnter wegen můßt er vber einen Byhel faren / weyß nit wie er die schantz versahe / er warff den wagen vmb. Der Pfaff ward zornig vber jn vñ sagt: Wie kanst du mit einem leerẽ wagen vmbwerffen / wie woltest erst gethan haben / weñ der wagen geladen gewesen were? Hey sagt der Roller / duncket er euch dann nit geladen sein / da einer einen solchen laßt

Herꝛ-

Hergott fürt/vnnd ein schweren grossen feysten Pfaffen darzů: geht vnd besehet euch vmb andere für/ jhr kommet mir nit mehr auff meinen wagen. Also fůrt er den wagen wider auff/ vnd rollt daruon/ vnd můßt der Pfaff zů fůß gehen. Dem geschahe auch halb recht/ dieweil jm nichts widerfarē was/ vñ dorfft dem Fůrmann auff diese weiß außhippen/ so er jhm doch nichts zů lohn geben dorfft. Dieser vndanckbaren leut findet man noch sehr vil/ so man sie schō sanfft daher trůge biß gen Rom/ vnd stelte sie vnsauber nider/ so ist schon aller danck/ fleiß/ můhe vnnd arbeyt sampt dem kosten verloren/ vnnd vergessen aller vorgethanen gůtthat/ rc.

Von einem grossen Marterhansen/ wie er in einen Gerner oder Beynhauß gefallen ist.

Man

MAn findt noch auff disen heu-
tigen tag solche grosse Marter-
hansen vñ eisenbeisser/thůn der-
gleichen als wolten sie allen Menschen
in einem streych die ohren abschlagen/
so gar böso tropffen sind sie/ solt aber ei-
ner des nachts vber einen Kirchhof ge-
hen/ er suchte ehe ein viertheil meyl we-
ges vmb. Also was auch ein mal ein fe-
derschwinger/ der trůg den hůt voller
straußfedern/ aber ein hasenbalg zů ei-
nem brustthůch. Auff ein zeit was er
auß einem speckkrieg wid zů land kom-
men/ wo er zů den leuthen kam/ sagt er
von grausamen schwerdtschlegen/ so er
vollbracht hett/ seins blůtuergiessens/
was kein end zů erzelen/ das war aber
meines beduncken sfast vber Hüner/
Genß/vnnd Enten außgangen. Eins
tags saß er inn sehr grossem pracht bey
seinen gesellen/ in einer Zech/ fieng aber
von grossen streychē an zůsagen/ zůletzt
wurden sie den bossen mercken/ namens
zů einem tandt auff. Vnter andern re-
den trůg sich zů/ das sie anfiengen zůsa-
gen von einē alten abgestorbnen weib/
welche

welche ist auff denselbigen abendt gestorben/ vnnd hett man sie auß mangel des tags / denselbigen abend nicht vergraben können / so hatten sie jhr haußvolck die nacht nicht im hauß behalten wöllen/ vnd also auff den Kirchhof getragen/ inn einer baar in das beynhauß gestellt/ damit sie den künfftigē tag vergraben würd. Nůn was jr aller weg/ wenn sie auß dem Würtßhauß heymgehen wolten/ hatten sie keinen andern weg/ dann vber den Kirchhof/darumb sie einander fast mit dem altē abgestorbenen Weib speyen wurden. Der gůt kriegßmann vnd mawrenbrecher hett gewölt / er were zehen meyl weges von dannen gewesen / dann jhm was sehr angst vor dem altē abgestorbnen weib/ die doch in jrem leben gar kümmerlich an einem stecken kriechen mocht/ vnnd jm nicht ein finger hett mögen biegen. Die andern gůtē gesellen marckten diß an jm / darumb trieben sie jre geferd jhe lenger jhe mehr für sich / biß dem gůten landßknecht anhůb die stirnē zůschwitzen / dorfft sich aber scham halben gar nicht

nit eigen noch dergleichen thůn/ zů letz-
ten kam es dahin/ da die andern anfien-
gen zů wetten / welcher so kůn wer/ vnd
zům ersten ohn ein liecht auff den kirch-
hof gehn dorfft / vñ besehen ob dz liecht
oder lampel in dem beynhauß brünne/
dañ die sachē waren allein dahin gespi-
let/ das sie woltē sehen/ was hinder dem
genßköpffer für ein mañlich gemůt we-
re / zůletzt kam die wettung auch an jn.
Er ward gar zornig / stunde auff vom
tisch/ mocht die grausamen wort nit hö-
ren / er zalt die ürten / nam seinen man-
tel/ vnd gieng heym zů hauß. Nůn wust
er keinē andern weg heym zůkommen/
dann er můst vber den Kirchhof gehn/
sonst het er durch einē tieffen bach müs-
sen waten. Also fasst er jm eins manns
hertz/ vñ mit zittern vnd grossem schre-
ckē gieng er auff den kirchhof/ vñ als er
nahend zů dem beynhauß komt / wand
er seinen mantel vm̄ den kopff / stieß die
finger in die ohren / sorget er würd das
alte Weib hören schreyen / welche inn
jhrem leben alters halb stum̄ gewesen
war / er gienge mit gantz schnellen trit-

ten

ten für sich/damit er balt võ dem kirch-
hof keme. Als er aber nicht sehen kundt
vor seinem mantel/ vnd meynt fern von
dem beynhauß zů gehn/ so geht er gantz
dargegen/ vnd trifft die stiegen/ felt al-
so mit schwerem fall hinab ein hohe stey
nene stiegen/ ohn alle hůlff. Nůn was
ein gestůl inn dem beynhauß/darein fiel
er gantz vngestůmiglichen/ vnnd brach
ein beyn darinn ab / so hat er auch den
kopff vnnd angesicht gar vbel auff der
stiegen zerfallen. Er fieng an gar jāmer
lichē schreyē/ da was aber niemand der
jm helffen wolt/ deñ jn mocht niemand
hören. Zůletzt vmbgab jn solche forcht/
angst vnd schrecken/ das jm das schrey-
en auch gelag/ erhub aber gar schwer-
lich an zů seufftzen vnd heulen. Als nůn
seine gesellen gnůg gezecht/sind sie auch
zů hauß gangē. Als sie nůn zů dem beyn-
hauß kamē/horten sie den armen tropf-
fen ernstlich seufftzen / sie aber meynten
nit anders / dañ das alt weib wer wider
zů jr selbs kommen. Vnd dieweil sie ein
liecht hatten/giengen sie hinab/funden
also jrē gesellen mit zerbrochnē beynen

im gestůl liegen / sie trůgen jhn baldt in eines artztes hauß / liessen jn verbinden / da erzelet er sein geschicht nach der lenge. Also můßten sie lachen zů seinem grossen schaden / so jm dann widerfaren vnd zůhanden gangen was / vnd můßt wie man gemeinlich sagt / den spot zům schaden haben.

Ein Bawer vnterstund ein Kriegßmann vmb ein Pferd zů betriegen / die sach aber gieng widersinns hinauß.

MAn findt zů zeiten einen [illegible]gen kunden / so im kauffen vnd verkauffen sich aller finantzē vnterstehen darff / sucht auch alle vortheil vñ renck / damit er ein andern vberlistigen möge / es findet aber offt ein grosser fuchs noch ein grössern im höl. Also gienge es auff zeit einem listigen Marggrauischen Bawren mit einem Comm[illegible] Metzger / derselbige was noch listiger dann

dann der bawer. Derselbig landßknecht oder Commiß Metzger kam auff einen Feyertag in das Dorff/ inn welchem gemelter Bawer sein Haußhaltung hat. Nun hett gedachter Landßknecht ein schönen Klepper/ darauff er dann was geritten kommen/ dem Bawren gefiel

der auß dermassen sehr wol/ fraget den Landßknecht offt/ ob jm das Pferdt nit feyl wer? Neyn/ sagt d landßknecht/ es ist ein Pferdt für meinen leib/ wolt nit das mirs einer doppelt bezalte. Als sie aber jetzt in die trünck komen sind/ hat der bawr nichts anders mehr wissen zů sagen / dann von dem Pferd / vnnd nit abgestanden den Landßknecht zů bitten / jhm das Pferd zů zůstellen. Als nůn der landßknecht solches an jm vermerckt / hat er gedacht des bawrē begeren zůstillen / vñ gesagt: Jr habt mich im anfang vernom̄en / das mir mein Pferd nit feyl ist / darzů gebt jhr mir nit so viel drum̄ / als ichs beger zů verkauffen. Antwort d̉ bawr: Lieber kriegßmañ / meinst du dañ nit / ich hab ein solchē klepper so wol zů bezalen als du? schlag mir jn vmb ein gelt an / versuch ob ich jn nit kauffen dörff. Wolan sagt der landßknecht / dieweil du je des siñs bist / so wiß das er mir nit neher feyl ist zůverkauffen / dañ vmb 50. kronen. Nůn was dz Pferdt 25. kronen wol werth / solches kunt der bawer wol abnemmen. Darumb sagt er zům Landßknecht: Wolan mein brůderlein / damit du meinen ernst sehest / so wil ich das pferd vmb fünff vnd viertzig Sonnen kronen von dir nemen / vnd wil dir also bar fünff vnd zwentzig kronen bezalen / die zwentzig wil ich dir auff Sant

Nimmers

Nimmers tag auch geben. Der Landsß-
knecht gedacht / Bawer laß sehen wer
den andern bescheisset. Er sagt: Güter
Freund / mir ist nit so hoch oder groß an
der bezalung gelegen / wenn ich den hei-
ligen kennte / steht er auch im Calender?
Freylich stehet er drinn / sonst were er kein
Heilig. Ich bin zů friedē / sagt der landsß
knecht / allein dz wir ein verschreibung
gegen einander auffrichten. Diß gieng
der Bawr gůtwillig ein / Truncken den
weinkauff / den wolt der Bawr halb be-
zalen. Neyn / sagt der Landsßknecht / ich
hab nůn zwey mal fünff vnnd zwentzig
Kronen empfangen / billich soll ich die
ürten bezalen. Dem Bawren gefiel der
handel wol / meynt er hett ein Hirschen
gefangē / da was es kaum ein Rehbock.
Der Landsßknecht nam die fünff vnnd
zwentzig Kronen / sampt der verschrei-
bung / vnd für sein straaß. Als nůn aller
Heiligen tag kam / vnnd nicht gar dar-
nach verschienen waren / kam der gů-
te Landsßknecht wider / seine außstendi-
ge zwentzig kronen zů fordern. Er kam
wider in das vorig Würtßhauß / schickt

nach seinem Bawren/ sampt den ande-
ren so dañ bey diesem kauff gewesen/ die
kamen alle gantz geflissen. So baldt der
Bawer den landßknecht ersehen ward/
empfieng er jn freundlich/ fragt jn was
jn also auff der strassen vmbfüre? Das
mögt jr wol erachten/ sagt der Kriegß-
mann/ ich komme mein außstendig gelt
vollendt ein zůziehen/ laut ewerer ver-
schreibung. Hoho/ sagt der Bawer/
es ist noch nirgendt das ziel verfallen/
wirt auch noch lang nit verfallen. Dar
auff sagt der landßknecht: Lieber baw-
er/ die sach wirdt sich meiner rechnung
nach anders befindē/ Als wir den kauff
mit einander gemacht/ hab ich dich ge-
fraget/ Ob S. Niemar auch ein Heilig
sey/ hast du jn für einen Heiligen beken-
net/ vnd gesagt/ er stehe auch im Calen-
der/ Nůn hab ich allenthalben im Ca-
lender gesucht/ ich finde keinen S. Nie-
mar darinnen/ Es ist aber vor acht ta-
gen aller Heiligen tag gewesen. Die-
weil nůn S. Niemar auch ein Heilig/
laß ich mich nicht jrren/ das er nicht im
Calender steht/ dañ es sind vil Heiligen
so

ıderland/in Jtalien/vnnd
ten für Heiligen gehalten
ir in vnsern Calendern nit
e nůn vil vnd mancherley
ander hatten/hat sich der
ı Amptmann berůfft/des
ndßknecht wol zů frieden
lso für den Landßherren/
den Amptmañ/vnd klag-
lag vnd antwort von bey
gehört/ist dem Bawren
n/den Landßknecht zů-
en/vnnd hat jhm der Herr
antz willen ein gůten fre-
nen. Da ward Fuchs mit
ʒen/wie dann billich vnd

treib seinem alten das Hauptwehe.

r stadt am Reinstrom
/wonet ein sehr reiche vñ
lte Witfraw/deren stal-
eicher Witling nach/vnd

vermeynten sie zů erwerbē / jr aber was gar kein sattel gerecht. Dann sie gab all wegē die antwort / sie wölt selber vber jr hab vnd gůt meister sein / vnd keinem mann mehr das vnterwürfflich machē. Es begab sich vberlang / das ein landsz knecht in die stadt kam / gar ein schöner gerader freudiger junger kerle / der hort von dieser Witfrawen vil sagen / das er jm entlich fürnam / er wölt sein heyl ver suchē / er was wol außgebutzt mit kley dung. Trat der gůten alten frawen für das hauß / begegnet jhr zů Kirchen vnd strassen / sprach sie gantz tugentlich vnd freundlich an. Die gůt alte fraw so vber jr sechtzig jar was / meynet der jung hett ein solchen gunst zů jr / nam auch je lenger je mehr acht auff jn / fieng jhm auch an gar freundtlich zů zůsprechen. Der gůt schlucker meynet die glock wer jetz und schō halb gegossen. Er kaufft einen schönen schleyer / vnd fügt sich mit fleiß an ein ort / da er vermeint die witfraw allein zů betretten / es geschah nach seinem willen vnd wundsch / dann sie kam jm gleich zů gesicht. Zarte liebe Fraw sagt

sagt er/es hat mich ewer freundlichs vñ tugendtlichs ansprechen/dermassen in freundtschafft vnd liebe gegen euch bewegt/wo ich inn ewerem verstand/vermögen vnd wesen wer/vnd jr mein jugent nit schewhen dörfften/wißt ich in aller Stadt kein Weibßbild mit deren ich lieber haußhalten wolt/diß hab ich euch nit können verhalten/wiewol ich weyß/das jr meines gunstes ein kleyne acht habt/aber von wegen meiner freveln wort/so ich jetzt so vnuerschampt mit euch geredt hab/wöllen diese kleine gab von mir zůr straff nemen/bitt euch darbey mir zů vergeben. Die gůt alte vettel/welche zůuor der narr gegen dem Jungen stach/meynt jhm aller worten ernst sein. Junger/sagt sie/wañ ich dein wortē getrawen dörfft/wolte ich mich der sachē nit lang nemen zů bedencken/wiewol nicht ohn ist/es werben viel alter ehrlicher/reicher Mäñer vmb mich/so mir am alter gleich sindt/was wolt ich mich aber zeyhen/das ich einen alten Mañ nemmen wolt/vber nacht so legen wir beydesammen da/vnnd wißte

 keins

keins dem andern zůhelffen/weren beydesamen kranck vnd schwach / darumb ich mir langst fürgenommen hab einen gůten frommen gesellen zůnemen/ob er gleichwol nicht so gar reich ist/wenn er mir nůr gůts thůt / an gůt vnd gelt soll jm nichts mangeln. In sum̃a/kurtz daruon geredt / sie wurden der sachen eins/ sie versprach jhm die Ehe. Als nůn der Kirchgang beschehen was / fienge der gůt jung Mañ an gar heußlich zů sein/ versah alle sachen nach dem besten/dañ er befand das jm die Fraw jr barschafft vñ kleynot noch nit gar offenbart hett. Als er sie aber mit Fuchßlisten hindergieng/ das sie jhm jetzt alles geeygt vnd gezeygt/ hat er von tag zů tag angefangen abspinnen/sucht jm kurtzweil vnnd freud bey seines gleichen/ wenn er dann zů hauß gienge / kam er selten allein / er bracht allweg ein gůten gesellen oder zween mit jhm/die sassen denn zůsamen biß mittnacht spielen/schlemmen vnnd wenn dañ die gůt fraw etwas zůr sach redt / treiben sie nůr jhr spey vnnd fatzwerck mit jhr. Daruon die gůt Fraw in

widerwillen

widerwillen kam. So dorfft sie es jhren freunden auch nicht klagen / dieweil sie jres raths nicht pfleget hat. Was ist zů letzt geschehen / eins mals kam er heym mit einer vollen rott. Sein fraw hat sie von weitem ersehen / vermeynt sie wölt ein andere kunst versuchen / damit sie doch ein mal solcher Gäst abkommen möcht. Sie nam eilends ein handzwehelen / wand die vmb den kopff / vnd legt sich auff das lotterbeth. Der Mañ mit seiner bursch kam in die stuben / find sein Frawen also liegen / er gieng zů jhr vnd sagt: Mein liebe Haußfraw / was gebrist dir? Lieber biß gůter ding / laß vns leichtsinnig sein. Laß mich zů frieden / saget sie / du trewloser Mann / hast du mir das zůgesagt vñ versprochen? Liebe fraw / sprach er / ich weyß doch keinen mangel so du hast / bist nit versehen mit mägdē / so ding dir noch ein par / schmecket dir ein Wein nit / so stich ein ander faß an / vnnd kauff darneben was dich lustet / was wilt du doch mehr haben? Was solt ich haben wöllen / sagt sie / ich wolt du bliebest daheym / versehest dein

 hauß /

hauß / so gehst du tag vnd nacht zů dei-
nen gesellen / von welchen du nichts gů-
tes thůst lernen / vñ leßt dargegen mich
arme fraw ligen in angst vnnd schmer-
tzen. Dann mir thůt mein kopff so weh /
das ich nit weyß wo ich bleiben sol / wie
wilt du doch solche vntrew verantwor-
ten? Wie sagt er / solt ich ein solche alte
Fraw haben / vnd solt leiden von einem
liederlichen kopff / das er sie beleydiget /
das sol ein mal nicht sein / solchs geredt /
riß er jr die handzwehel vom kopff / vnd
mit beyden feusten fieng er an zů schla-
gen / vnd sagt: Hey du kopff / wolst dich
der meisterschafft annemen / vnnd mei-
ner Frawen / deren ich gůt vnnd ehre
hab / wehe thůn? Ich wolte dich ehe
zertrimmeren. Die gůte alte Můtter
wust nit wie sie es verstehen solt / dann
sie marckt das kein auffhörens da was /
Darumb můßt sie sich der nechsten frey
heit behelffen. O lieber Mann / sagt sie /
laß dein zorn ab gegen meinem Kopff /
er thůt mir nim̃er weh. Das vergelt jm /
sagt er / ein spitz höltzlin. Nůn stehe auff
mein liebe Haußfraw / vnd laß dich kein
solchen

solchen bösen kopff mehr anfechten/ich bin güter hoffnung/er sol dirs nit mehr thůn. Also můßt die gůt alt můtter von jrm angenomen siechtagen auffstehen/ zů jres Mannes gästen sitzen/ vnnd ein gůten můth haben/ es wer jhr lieb oder leyd. Als sie nůn zůletzt von jrem kiflen abließ/ vnnd den Mann nit mehr also frettet/ stund er selbs von seiner weiß eins theils ab.

Ein Mäder fand zwen köpff an seinem Beth/als er morgens von der Matten kam/seinen Wetzsteyn zů holen.

MAn sagt gemeinlich die Männer habẽ das plarr am morgen/ vnd die weiber erst nach mittentag/solches gibt diß Mäders Weib ein gnůgsame zeugnuß. Man sagt von einem Mäder/derselbige saß inn einem Dorff/er hette ein gar schöne Frawen/ des name der Pfarrherr im Dorff eben war/ gesellet sich zů dem gůten Mäder/

der

der gemeynt die sach gar gůt / vnd ver-
trawet dem Pfarrherr vnd seinem weib
nichts arges. Als nůn der Pfaff den
Mäder offt zů gast lůd / der Frawē auch
mit vil gaben vnd schencken begegnet /
kam es zůletzt dahin / das sie in weittere
kundschafft mit einander kamen / wenn
dann der Mäder des morgens an sein
arbeyt gienge / kam der gůt Herr / vnnd
halff jhm das hauß verhůten. Nůn es
begabe sich eins morgens / das der gůte
Mann aber frůe auffgestanden was / er
nam sein Segesen / vnnd eilet gantz mit
grossem ernst auff die Wisen / des nam
der Pfarrherr gar baldt war / fůgt sich
zů der Frawen / wie dañ solches sein ge-
wõheit was. Als aber d gůt Mäder ein
schar oder zwo gemäyet / vnd jm sein se-
ges gar nit mehr schneiden wolt / hat er
erst an seinen kumpff gedacht / ist mit
grosser eyl wider zů hauß geloffen. Als
er aber an die haußthür komen ist / hat
er gar kleine rumor gemachet: Dann er
sorget / er wůrde sein Weib / die jhm sehr
lieb was / erwecken / ist gantz still inn die
kammer geschlichen / da fand er eilends
seinen

seinen Rumpff an der wandt hangen/ den nam er/vnd für wider daruon. Wie er aber zůr kamer hinauß gehet / blicket er auff sein beth / vñ ersihet zwen köpff/ vnter welchen der ein oben ein blatten hatt/ der gůt Mañ nichts arges gedencken thet / so was jm auch so not an sein arbeyt/das er nit weiter sehen wolt. So baldt er aber hinweg kam / machet sich der Pfarrherr auff inn grossen engsten/ dann er meynet der Mäder wölt jn vor dem Amptmañ verklagen/ damit er gefangen würd. Das Weib aber/ welche listiger was/ tröstet jn/ vnd sagt/ er solt aller sorgen entladen sein / sie wolte die sach wol verteydigen/jm solt nichts arges widerfaren. Als aber nůn der gůt Mann jetzund gar streng an seiner arbeyt war / fieng er erst an jetzt hin vnnd wider zůgedencken/in sonderheit an die zween köpff so er in seinem beth gesehen hatt. Vmb mittentag aber/da hat jhm die Fraw ein gůten imbiß bereyt. Sie nam das essen vnd gieng zů jhm hinauß auff die Wisen / vnnd als sie jetzund gar nahe zů jhm kam / sagt sie mit gar frö-

licher

licher stim̃: Ein gůten morgen mit einander. Der gůt Mann sahe sich vmb/ vnnd meynet es wer noch einer auff die Wisen kommen. Als er nůn niemand sihet/ sagt er: Fraw was gemeinst du mit disen worten? Ach/ sagt sie/ wie kanst du also ein Mann sein/ hast du mir nit mögen sagen/ das du einen gesellen bey dir hast/ so hette ich doch dester mehr kochet/ doch meyn ich jr solt kein mangel haben. Der Mann sagt: Fraw wie ist dir/ ich meyn du habest zů frůe getruncken? Nůn bin ich doch gar einig auff der wisen/ vñ ist niemand bey mir dann du alleinig. Die listig Fraw gieng gegen dem Mann/ vnd wischet jr selbs die augen/ vñ sagt: Fürwar mein gesicht hat mich betrogen/ dann ich hette mit einem ein kůh verwettet/ es wern deiner zwen gewesen. Fürwar sagt der Mann/ es ist mir heut morgen dergleichen begegnet. Dañ als ich heut morgen meinen kumpff daheym vergessen hatt/ kame ich heym in vnser kam̃er/ vñ holt meinen kumpff. Da het ich mit einem groß gůt verwettet/ der Pfarrher wer bey dir an vnse-

rem

rem beth gelegen. Die Fraw fienge an gar jnniglichen lachen/vnnd sagt: Lieber mein Hans/jetzund glaube ich erst/ wie man sagt/das die Mann das plärr am morgen haben/vnd die Weiber erst nach mittem tag/was mag es doch für ein närrische kranckheit sein? ich möcht es nit wissen/es keme dann von vberigem trincken oder schlaffen. Also sassen sie zůsamen/assen vnd truncken/waren leichtsinnig/vnnd behielt der gůt Måder das plärr vor als nach.

Ein voller Pfaff wolt zu einem Königreich gehen/fellt in ein Wolffs grůben/als er vermeynet ein Enten zů fahen.

ES ligt ein Dorff in Lottringen/darinn wonet ein toller vngeschickter Pfaff/wie man dann derselbigen nit wenig in Lottringē findet/ Er hat ein brauch an jm/dz er võ einem

Dorff

Dorff zům anderen lieff / wo er ein gůt mal wust / da sahe er / dz jm sein teil auch daruon ward. Hab auch von glaubwirdigen leuten gehört / das er zům offtermal an einem tag an zweyen ortē Mess gelesen hab / als / inn seiner Pfarr / vnnd demnach in ein ander Dorff gelauffen / da er ein gůt maal gewußt hat / auch Mess gelesen. Es begab sich an der H. drey König abent / das er von Wych in ein ander Dorff lauffen wolt / vnnd mit den Bawren König machen. Er hät aber sich zů Wych etwz lang gesaumt / dann er mit seinen Bawren vor König gemachet hatt / derhalben ward es etwas spat. Nůn hatten die Bawren in dem Dorff / in welchs er gehn wolt / erst am selbigen tag ein tieffe Wolffs grůben / nicht weit vom Dorff auffgeworffen / vñ wie man pfleget zůthůn / in mitte der grůben / hatten sie ein häwstangen auffgericht / vnnd ein Enten in einem korb darauff gebunden / damit wenn die Wölffe oder Füchß die Enten horten / das sie dem geschrey zůlauffen solten / vnd in die grůben fallen. Als nůn der

der gůt Herr nahend zům Dorff kompt/ so hört er die Enten im feld etwas vom Dorff schreyen. Er dacht in jm selbs/ dise Enten ist von dem Dorff komen/ es möchte sie ein Fuchs ankommen/ vnnd fressen/ besser ists/ ich fahe vnd erwürge sie/ so mag ich sie behalten an einem heymlichen end/ wenn ich dann nach dem nachtessen heym gehe/ so trag ich sie mit/ so hab ich morgen zůnacht auch ein gůten braten. Jn solchē gedancken kam der Pfaff je neher zů der Enten/ vñ so er neher zů jr kam/ so mehr vñ fester sie schreyē ward. Nůn was die grůb allenthalben mit kleinem gereiß vñ stro vberdeckt/ dz der gůt Pfaff nit anđs meynt/ dann es wer ein ebner boden/ eylet balt auff die schreyend Enten/ damit sie jm nit entlauffen möcht/ in solchem eylendē lauff fellt er gar vngestůmlich in die Wolffsgrůben. Die Endt aber je mehr anhub zů schreyen/ das erhört auch ein hungeriger Wolff/ laufft der Entē geschrey zů/ vnd fellt auch zů dem Pfaffen in die grůben. Der Wolff als er vernam das er gefangen was/ hat er sich gantz züchtiglichen inn der grüben gehalten/ vnnd dem Pfaffen kein leyd begeren zü- thün. Dem Pfaffen aber was gar angst bey dem Wolff in der grüben/vnnd hat sich all augenblick seines lebens verwe- gen. Es stund nit gar ein stund/da kam ein Fuchs / der meynt auch ein güte bis- sen zü erlangen/dem gieng es gleich wie den vorigen zweyen. Der Fuchs aber so baldt er in die grüben kam / fienge er an den Pfaffen zü stupffen vnd zü rupffen an seinem rock/daruon den Pfaffen ein grosse forcht ankam / dañ er wußt seins lebens vnnd sterbens kein mittel. Nün was er so nahe bey dem Dorff/wenn die bawren anhuben zü schreyen / Der Kö- nig trinckt/er es wol in d' grüben hören mocht/das machet erst den güte Domi- ne so gar vnlustig/dann er was gewont züsein/wo man schlemmet vnd demt/vnd nit vber nacht in den Wolffs grüben zü ligen. Als nün des morgens die bawren sehen wolten / was sie die nacht gefan- gen hatten/ kamen sie mit Seylern vnd Leytern/ Spiessen vnnd Kolben zü der

Wolffs

Wolffs grůben / finden also den Pfaffen / Wolff vnd Fuchs bey einander / des sie sich dann gar größlich verwundern theten. Der Pfaff bat sie gar freundtlich / sie wölten jhres fragens abstehen / vnd zům vordersten trachten / wie sie jn auß der grossen angst vnd noth brechten / als den wolt er jnen alle ding nach der leng erzelen. Sie liessen jm ein Seyl in die grůben / der Pfaff band sich selbs daran / also zogen sie jhn herauff. Der Pfaff bat die Bawren durch aller Heiligen willen / sie solten dem Wolff seins lebens verschonen / den Fuchs aber solten sie vmbbringen / darumb so wolt er jhnen einen Schnapphanen schencken. Die Bawren fragten die vrsach an dem Pfaffen / warumb er doch dem Wolff sein leben also erkauffen wolte / so doch kein Thier in der gantzen Welt were / dem alle Welt so feindt were als einem Wolff. Der Pfaff saget: O lieben freund / der gůt fromb Wolff ist die gantze nacht so züchtig vnnd still bey mir in der grůben gesessen / vnd hat mir gar kein leyd begert zů zůfügen. Aber der schendtlich lesterlich Fuchs / so bald er in die grůben kam / fienge er an nach mir zůspringen / meinen rock zerreissen / vñ hat mich gantz angsthafft gemacht / darumb beger ich jm sein leben nicht zů fristen. Die Bawrn namē den Schnaphanen von dem Pfaffen / schlugen aber nichts dester weniger den Wolff vnnd den Fuchs zů tod. Ich glaub auch solten sie gewißt haben / das der Pfaff der meynung gewesen were / die Endten zů stelen / sie hetten jn auch zů tod geschlagen / als wol als den Wolff vnd Fuchs.

Von einem vngelertē Pfaffen / der den Calender nit verstund.

Ich můß noch einen Pfaffen im land zů Lottringen beschreiben / dieweil es sich eben also zůtregt. Es ligt ein Dorff im Lottringer Land / mit nammen Langenwasen genannt / darinn hat zů dieser zeit auch ein hochgelehrter Pfaff gewonet / dem

mangelt

mangelt gar nichts / dann das er nicht wissen kundt / wann es Sambstag oder Sontag was / dann er sich gar nichts auff den Calender verstund / jedoch hat er ein sonder gemerck auff die tag. Er was eins solchen sinreichen verstands / das er nun von zusehen hat gelernet die aller besten Besen machen / so man ankommen mocht. Er nam jhm für / alle Montag fieng er an / vnd macht einen Besen / am Zinstag aber einen / am Mitwoch / Donnerstag / Freytag vnd Samstag / alle tag einen / vnnd wenn er dann der besem sechs zusamen bracht / so kunt er abnemmen / das den künfftigen Tag Sontag sein müßt. Darumb gieng er allweg am saifistag zu nacht zu seinem Sigristen / vnd befahl jhm des morgens zu der Mess zu leuten. Nun was ein schamparer Bawer zu Langenwasen / der wonet viel vmb den Pfaffen / derselbig fand den Pfaffen ein mal seine Besen zelen / auff solche weiß / den ersten besen nennt er Montag / den andern Zinstag / den dritten Mitwoch / den vierdten Donnerstag / den fünfften Freytag /

darnach saget er: Morgens můß ich meinen Kirchwart heyssen leuten. An solchen worten kundt der Bawer wol abnemmen / das er sein gantze wochen rechnung allein bey dē besen hatt. Auff ein Mittwoch darnach kam gemelter Bawer aber in des Pfaffen hauß / vnnd fand jhn nit daheym / dann er was außgangen nach Besenreissen. Der Bawer fand drey besen bey einander in einem winckel stehn / er nam eylends den einen vnnd verbarg jhn hinder ein alte kisten. Der gůt Pfaff arbeitet darnach als er auß dem holtz kam gantz fleissig. Am Freytag fieng er aber an seine besen zelen / vnd fand deren nit mehr dann vier. Er saget zů jm selbs / wie bin ich doch so gar jrr in meinen besemen worden / nun hett ich mit einē ein wettung bestandē / es wer heut Freytag gewesen / so es doch erst Donnerstag ist. Also stunde er am Sambstag zů morgens wider auff / vnd machet seinen Freytag. Am Sontag zů morgen macht er seinen Sambstag. Nůn hat der ander Bawr / so jhm den besem verborgē hat / dem Sigristen alle

sachen

sachen geoffenbaret. Vnnd als die zeit kam / fiengen sie an zůr Meſs zůleuten. Der Pfaff meynet / es wer jemandt gestorben / vnd lieff baldt in die Kirchen / fragt was das für ein geleut wer. Ich hab zů der Meſs geleut / sagt d Sigrist / dann es ist heut Sontag. Wie kan das müglich sein / sprach der Pfaff / es ist Samſtag / Alſo kamen sie hart zů streit beydeſamen / das zůletzt der Pfaff den Sigristen liegen hieß. Der Sigrist dem alle ding von dem andern Bawrn was angezeygt / stallt sich gar zornig vnnd sprach: Herr Pfarrherr / jr schelten mich einen lügner / des můst jr mich vberweisen / oder ich wil ghen Metz gehen / vnd wil euch vor dem Bischoff verklagen. Der Pfaff sagt: Du schalck / so gehe vnd bring noch einē andern mit dir in mein hauß / da wil ich dir gůte rechnung vm̄ einen jeglichen tag geben. Baldt lieff der Sigrist zů dem andern Bawren / so jm zůr sach geholffen / bracht jhn mit jm in des Pfaffen hauß. Der Pfaff fienge an vnnd zelet seine Beſem / vnnd kundt nit mehr finden dann den Freytag / der

Sambstag was noch nicht gar außgemacht. Sihest du/sagt der Pfaff/da stehet noch der Sambstag / vnnd ist noch nicht gar gebunden. Der Sigrist sagt: Was gehen mich die Besen an / zeyget mir den Calender. Der Pfaff sagt: Jch acht mich keines Calenders / dann mir fehlen die tag nit in meiner arbeyt. Zůletzt sucht der Sigrist hin vnd wider im hauß/vnd findet den besen vnter der kisten/zeucht jn herfür / vnnd sagt: Hie sehet jhr Herr Pfarrherr von Langenwasen / welcher vnter mir vnnd vnter euch wayr gesagt hat / drumb seyt nůn keines anderen von mir wartē/ dañ das ich den nechsten gehn Metz ziehen / wil euch vor dē Bischoff verklagē/ der wirt euch wissen den Calend zůlernen. Wem was engster dañ dem gůten Pfaffen/ er sorget nit allein/das er vmb sein pfrůnd kem/sonder forcht auch die gefengkniß/ darumb bat er den Sigristen vm̄ verzeyhung / er wolt fürbaß den Calender lernen/vnnd nit mehr auff sein besem niechen acht haben. Der ander Bawer so den besen verborgen hat / redt auch sein gůts güts darzů / alsó vertrugen sie sich mit einander. Vnd als die Mess volbracht warde / führt sie der Pfaff ins Würtßhauß / zalt die zech / vnnd lernet fürbaß dē Calender. Solche vngeschickte Priester haben wir nit in Deutschem Land / es fehl dann etwan.

Einem Juden büst einer den Husten.

ES sassen auff einmal vil bawren bey einander in einem Dorff / in dem Würtßhauß / waren leicht

 sinnig

sinnig vnd güter dingen. Vnter dem so kompt ein alter Jud reyten / er saß ab von seinem Pferd / fürt das in den stall / damit es ein wenig erkület / er satzt sich auch hinein in das Sommerhauß / sich zů erkülen / dann es war eben im heyssen Sommer. Der Jud begert / man solt jm ein kanten mit wasser bringen vmb sein gelt. Die Bawren sagten: Man verkaufft hie kein wasser / dann wir haben sonst grössern mangel an wasser dann vns lieb ist / alle brunnen vnd bäch sind gar vertrucknet / Aber Wein mag dir vmb gelt gnůg werden. Der Jud sagt / es wer wider sein Gesetz Wein mit den Christen zůtrincken / wenn es aber Bier were / het er sein wol macht. Also bracht jm zůletzt der würt ein kanten mit wasser, Der Jud tranck auff die hitz einen gůten starcken trunck / fieng baldt darauff an hefftig zů husten. Als er das nůn ein gůte weil getrieben / hat einer vnter den bawrn gesagt: Jud / wie hast du dann den ritten mit deinem husten. Darauff sagt der Jud: Fürwar ich hust einen regen. Der Bawr sagt: Kanst du

regen

regen husten / warumb bist du nit lan-
gest kommen ? Ja sprach der Jud / ich
werd gewiß einen regen husten / dann er
ist nůn lang in mir gesteckt. Baldt wi-
schet ein ander Bawr auff / welcher gar
betruncken was / nam den Juden bey
der Karttausen / vnnd schleyfft jhn im
Sommerhauß herumb / vnd trat jn mit
füssen / Sagt zů jhm : Hey du schendtli-
cher Jůdischer hund / hast du so lang ein
regen in dir gehabt / vnnd hast den mit
gewalt in dir behaltẽ / was hastu dann
gůts weins / frucht vñ fůter verderbet /
das alles fürkommen wer / wenn du ein
solchen grossen regen nicht in dir behal-
ten hettest. Der Jud schrey / Mordio
helffio / ich hab die sach nit also gemey-
net / jhr habt mich nit recht verstanden /
laßt mich euch der sachẽ bericht geben.
Als nůn die andern meynten / des schim
pffes were genůg / haben sie frieden ge-
macht. Der Jud aber hat solcher schlap
pen nit mehr warten wöllen / dañ er sor-
get jm möcht erst recht gezwagẽ werdẽ /
auch wz jm die laugen schon bereit. Dar
umb saß er auff sein Pferd / vnd reyt sein
straaß.

straaß. Also geschahe diesem Juden mit dem regen / wie der Odenwelder Bäwrin mit dem schnee.

Ein einfeltig Weib beichtet / wie sie in der Fasten fleysch hett gessen.

ES ist an vilen enden noch der brauch / das man inn der Fasten das gemeyne volck zů der Beicht vermanet / nemlich in der Karwochen / so ist man dañ ein wenig geistlich. Weñ nün

nün die Osteren hinweg sind/ so ist der Geist auch hinweg / denn so jagen wir den Judas vber den zaun / vnnd gehen alle Kirchweyhen an / so müß sich Zacheus leiden / gleich wie Judas inn der finstern metten/mit dem vnnd vber den schreyt/singt vnd boldert man / wenig aber wirdt das leiden Christi bedacht. Also predigt man vom Zacheo/ auff allen Kirchweyhen/ niemand aber folget jm in den wercken nach. Zacheus steyg auff den Feigenbaum / damit er den Herren sehen möcht / vnd als er von jm herab ward gefordert / verließ er allen wollust diser welt/ vnd folget dem Herren nach. Wir aber sind jetzund eines andern gesinnet / dann so balt ich vnd ander mehr / dz Euangelium vom Zacheo haben hören verkünden / verlassen wir den Herren/ vnd sein Wort/ lauffen den nechsten auß der Kirchen dem schlamb zü. Also gehet es auch mit der Beicht/ Ein jeder meynt / wenn er nür den leuten die augen erfüllen mag / hab er jhm genüg gethan. Also gienge es auch mit dieser güten Frawen / die kam für den

Beichtvatter / erzelt jre sünd gantz ein-
feltiglich. Zůletzt als sie nichts mehr
wußt / fieng er an zůfragen / aber gantz
vnnotwendige sachen. Vnter andern
fragen was das die eyn / ob sie auch inn
der Fasten eyr vnnd fleysch gessen hett?
Sie antwort: Ja Herr / aber nicht die
gantz Fasten. Der Beichtiger sagt: Lie-
be Fraw / jhr habt grosse vnnd schwere
Sünd begangen / jhr habt dann solches
von vnserm heiligen vatter dem Bapst
erkaufft. Ach sagt sie lieber mein Herr /
ich hab nie gewußt / das der heilig Vat-
ter auch eyer vnd fleysch feyl hat / sonst
wolt ich jm mein gelt ehe vnd lieber ge-
günnt haben / dann vnsern Metzgern /
sie lassen mich alle mal so lang inn der
Metzg stehen / es solte eins das fleysch
nicht geschenckt nemen. Diß was gleich
ein antwort / wie sie gefragt ward /
warzů aber solch beichten die-
net / laß ich ein andern / so
die sach baß versteht
dann ich / auß-
ecken.

Ein

Ein Edelmann verbot seinen Bawren zů schweren.

ES wonet ein gůter frommer alter edelmañ auff einem schloss/ der hatte vnten daran ein groß Dorff/ darinn aber so böse vngezogene bawren/ dz er in keinem weg mit jnē naher komen kunt/ kein freuel was jnen so groß/ sie mochten den verküsen / gaben weder vmb gebot noch verbot / nit ein wicken. Vnd in sonderheit war jhn das gottßlestern hoch verbotē/ es halff aber nichts.

nichts. Zůletzt hat der gůt Junckherr ein bedewren mit Weib vnnd mit Kindern / dann er gedacht / die Väter wůrden sie gar vmb das jhr bringen. Also ließ er ein Mandat außgehen / welcher Bawer mehr Gott lestert / den wolte er nicht allein an seinem gůt / sonder auch am leib straffen. Das bestund nit lang / es wurden etlich fellig vnd hart an jrem leib gestrafft / als mit dem Thurn / branger / die Zungen beschnittē / auch etliche so die sach zů grob vbersahē / wurden an jrem lebē gestrafft. In sum̃a es kam die sach zůletzt so weit / dz die bawrn daruon můßten abstehn / wiewol es sie gar hart vnd sawr ankam. Das gesind was auch durch jr vorig vnordenlich wesen dahin kom̃en / das mit gůtem nichts mehr auß jnen was zůbringen. Dann keins wolt in Gottes nam̃en nichts angreiffen / es můßt ein grosser schwůr mitlauffen / das was den Bawren gantz beschwerlich / kamen also in gantzer gemeyn zůsamen / vnd beschlossen in gemeinem Rath / sie wölten samenhafft für den Junckherrn auff das Schloss gehn / vñ jm den handel

del fürtragen / wie sie das gesind in keinen weg wißtē zů zwingen / es wer dann das er jn einen schwůr erlaubte. Also wär dem Junckherm die sach durch den Schultheyssen von wegen der gemeyn fürgetragen. Als nůn der Junckherr jhren mangel vername / sagt er zů jhnen / was sie doch für einē schwůr begerten. Der Schultheyß sagt: Gnediger Junckherr / wir bitten ewer veste / gebt vns ein schwůr / der da nicht zů klein auch nicht zů groß sey / darmit demnach das gesind mög in der forcht erhaltē werden. Wolan / sagt der Junckherr / dieweil jr ewer gesind dahin gewent / das sie vmb beten nichts wöllen geben / so stehet alle mit einander ab / vnnd erkiesen euch einen schwůr / jedoch das er das leiden Christi nit berüre. Baldt stunden die Bawren ab / vnd wurden der sachen vberein / vmm die Pestilentz. Sie kamen wider zů dem Junckherm in den Saal / der Junckherr sprach: Seyt jr bedacht? Ja / sprach der Schultheyß: Gnediger Junckherr wir stehen hie / vnd bitten euch durch Gottes willen / gebt vns nůr die Pestilentz.

So gehet hin/sprach der Junckherr/vñ habt euch die Frantzosen darzů. Der Schultheyß von wegen der gantzen gemeyn/danckt dem Junckherrn gar fleissig/von wegen der reichen begabung/zogen also mit freuden zů hauß.

Ein geitziger verzagter Pfaff kleppert mit beyden henden/ auff der Cantzeln zůsamen/ vnnd schrey: Gelt her/die Schůh sind gebletzt.

ES ist ein groß Dorff im Elsaß am gebirg gelegen/ dariñ saß ein langer dürrer Pfaff/ wie der Mann im Restenholtz/ der was gantz eines verzagten hertzens/auff kein Cantzel kundte man jn gar nicht bewegen/das er dem gemeynen volck das Euangelium verkündet hett. Das was aber sein brauch/wenn er Meß hielt/ wand er sich gegen den Leuthen (so baldt er das Euangelium gesungen vnnd gelesetz sen hatt) sagt er es dañ in teutsch. Nün was ein Würt oder Weinsticher im flecken / ein sehr güter satzbrüder / der satzt züm offternmal an den Pfaffen / er solte doch ein mal das Euangelium auff der Cantzel sagen / wenn er solchs ein mal von jhm hört / wolt er jhm einen gulden schencken / das trieb er so lang vnnd viel mit jm / das sich der güt Herr zületzt vor den leuten schemē müßt. An einem Sontag kam es jm eben in siñ / das er dē gulden verdienē wolt / er ließ es dem Weinsticher ansagen / damit er nachmalen kein außred suchen noch haben mocht. Also kam er in die Kirchen mit viel güten gesellen / die stallten sich allesamen gerad gegen der Cantzeln / damit sie den Pfaffen vnterstunden zü erschrecken / das er nit hinauff gieng. Als er nün kame vnd sahe sie alle bey einander stehn / erschracke er auß dermassen vbel / noch dannocht faßt er jm ein hertz / steyg hinauff / stund ein güte zeit / das er gar erstummet was / dann der Weinsticher mit seiner gesellschafft / wanten die augen nicht ab jm. Zületzt fieng er doch an das Euangelium zů verkünden/ vñ thet aber ein kurtze Sermon. Darnach / als baldt er nůn die offen schuldt gesprach/ vnnd die Absolution darauff/schluge er mit beyden henden zůsamen/ vnd pleppert gar laut auff der Cantzeln / vnnd sprach: Engelhart/gelt her/die Schůh sind gepletzt. Da můßt jedermann hören/ob er von wegen der armẽ schäflin/ oder des guldens halben auff die Cantzel gangẽ was. Als er nůn von der Cantzel kam/ vnd demnach sein ampt zů der Kirchen verbracht/nam jhn der Weinsticher / lud ein gůte bursch zů jm in sein herberg / machten dem Pfaffen gůt geschirr. Als er nůn ein trunck vberkam/ beredten sie jn/ das er den gulden in das gloch schencket/hatt er vor der Predigt nichts / so hatt er darnach aber nichts/ allein das er ein vollen kropff daruon bringen thet.

Einer satzt seinem gefattern ein hůt mit bruntz auff den kopff in einer abendzech.

Wunder-

WVnderbarliche gesellen findet man offt in dē abentzechen/ in sonders weñ es vmb die fünffte kanten wirdt/ so mag sich S. Grobianus nit verbergen / kompt mit seinem seytenspiel zům sewtrog geloffen/ baldt hebt man die sewglocken an zů leuten/ den kan niemandt nichts mehr verderben/ je gröber je hübscher/ jhe wüster jhe holdtseliger. Also gieng es auch in einer abendzech mit zweyen gůten gesellen/ die waren gefattern/ vnd eines Handtwercks/ warē mir beid sehr wol bekant/ als sie dann noch sind. Es begab sich eines tags / das sie einen Zunfftbrůder zů der begrebnuß begleyten. Als er nůn zů der Erden bestattet/ wurden etlich vnter jhnen zů rath / zogen mit einander auff jr zunfftstuben/ vnd fiengen an den schlemmer zů singen / damit sie des gůten abgestorbnen kerlß dest ehe vergessen möchten. Als sie aber auff die stuben kamen / funden sie baldt jhres gleichen/ sie sassen zůsamen/ vnd liessen jnen aufftragen nach der schwere. In summa einer vnter den zweyē ward sehr wol be-

 truncken/

truncken/wer derhalben gern von dem Tisch gewesen ein wässerlin zůmachen/ Sein gefatter saß jm an der seyten/den bat er zům offtern mal/ er solt jn herfür lassen/sagt jm darbey sein anligen. Dieser sagt: Hey wolt jr darumb auffstehn/ nemt hin mein hůt bruntzt darein. Der was nicht vnbehend/ nam den hůt/das sein sonst kein mensch an dem tisch war nam/ bruntzt jhn also vnter dem Tisch mehr dann halber voll. Der hůt fieng an hefftig vnten durchrinnen. Der gůt kerle war angsthafft/ vnd sprach zů seinem gefattern: Wo sol ich nůn mit dem hůt hin? Sein gefatter sprach: Wißt jr nit wo er hin gehört? Dieser was nicht vnbehend/nam den hůt/ satzt jn seinem gefattern auff mit bruntz vnnd allem/ das jm das Harnwasser vber den kopff vnd bart abran/ vnd an seinem gantzen leib mit bruntz vberschüttet/dann ehe des die andern wargenamẽ/ ist d schad geschehen/ vnd was dem schon genetzt vnd gezwagen. Was solte er aber darzů thůn/ zürnen kundt er nicht/ dieweil er jm den hůt selbs dar hat geborten/so

was

was die andere gesellschafft dermassen mit lachen behafft / wenn sie gleich einander gerupffet / hetten sie demnach nicht fried nemmen künnen. Nach langem gelächter ward ein rachtung antroffen / sie solten liebe vnd güte gefattern sein / darmit sie nit in Sanct Grobianus brüderschafft außgetilget würden.

Ein guter Schlemmer tichtet ein Liedlin / darmit ward sein Würt bezalt von den Fuckern.

AVff dem Reichßtag zů Augspurg / Anno geschahe ein güter schwanck von einem Singer / an deß Hertzog Wilhelmen von München hof / er was ein berümpter Musicus vñ Componist / hieß mit seinem nammen N. Grünenwald / er was ein güter zechbrüder / name nicht vergüt was jhm an seines Genedigen Fürsten vnnd Herren tisch fürtragen war / sonder sucht jm an derſwo gůte geſellſchafft ſo ſeines gefallens vnd kopffs waren / mit jm dapffer dempfften vnd zechten / kam ſo weit hinein / das alle ſchencken (vnnd was er im barem gelt mit jm dahin bracht) in naſſer wahr vnnd gůten bißlein dahin gieng / noch můſt die mauß baß getauf-

fet werden / er macht dem würt bey den acht gulden an die wand. In Summa / es kam auff die letzt dahin / das der Hertzog von München / ſampt andern Fürſten / Herren vnd Städten / auffbrechen wolten. Der Würt erfůr die ſach / kam zů dem gůten Grünenwald / fordert ſein

auß-

außstendige schult. Lieber Würt/sagt
der Grünenwald/ ich bitt euch von we-
gen güter vñ freundlicher gesellschafft/
so wir nün lang züsamen gehabt/ lassen
die sach auff dißmal also berühen/ biß
ich ghen München komb/ dann ich bin
jetzt zümal nit verfast/ wir haben doch
nit so gar weit züsamen/ ich kan es euch
alle tage schicken/ dann ich habe noch
kleynot vnd gelt zü München/ das mir
die schult für bezalen möcht. Das günn
dir GOtt/ saget der Würt/ mir ist aber
damit nit geholffen/ so wöllen sich mei-
ne gleubiger mit worten nicht bezalen
lassen/nemlichẽ die/von denẽ ich Brot/
Wein/Fleysch/Saltz/Schmaltz/ vnnd
andere speise kauffen vnnd bekommen
müß/ es müß allwegen bar gelt da sein/
komme ich auff den Fischmarckt/sehen
die Fischer balt/ ob ich vm̃ bargelt oder
auff borg kauffen wölle/ nimb ichs auff
borg/ müß ichs doppel bezalen/ jr gesel-
len aber setzt euch züm tisch/ der Würt
kan euch nicht gnüg aufftragen/ wenn
jr gleich wol nicht ein pfenning inn der
täschen habt. Darum̃ merck mich eben/

weß ich auff dißmal gesinnet bin. Wilt du mich zalen mit heyl / wo nit / wil ich mich den nechsten zů meines gnedigen Fürsten vnd Herrn von München Secretari verfügen / derselbig wirdt mir wol weg vnd steyg anzeygen / damit ich bezalt werde. Dem gůten Grünenwald was der spieß an bauch gesetzt / wust nit wo auß oder wo an / dann der Würt / so auch mit dem teuffel zůr Schůlen gangen / was jm zů scharpff. Er fieng an die aller süssesten vnnd gletisten wort zůgeben / so er sein tag jhe studiert vnd erdencken mocht / aber alles vmb sonst was. Der Würt wolt sich aber keines wegs nicht schweigen lassen / vnd sagt: Ich kan nit vil vmbstend / glat geschliffen / ist baldt gewetzt / du hast tag vnnd nacht wöllen voll sein / den besten wein so ich in meinem Keller gehabt / hab ich dir müssen aufftragē / darum̃ darffs nür nit viel meuß / hast du nicht gelt / so gib mir deinen Mantel / denn so wil ich dir wol ein zeitlang borgen. Wo du aber in bestimpter zeit nicht kombst / werd ich dein Mantel auff der gant verkauffen lassen.

lassen. Diß ist der bescheyt miteinander. Wolan sagt Grünenwald / ich wil der sachē balt rath findē. Er saß nider/nam sein schreibzeug/pappyr/feder vnd dinten/vnd tichtet nachfolgends Liedlein.

Ich stund auff an einem morgen/ vñ wolt gen München gan ·/. Vnd war in grossen sorgen / ach Gott wer ich dauō. Mein Würt dem was ich schuldig vil/ ich wolt jhn gern bezalen/doch auff ein ander ziel.

Herr Gaßt ich hab vernommen / du wöllest von hiñen schier ·/. Ich laß dich nicht wegkomen/ die zehrung bezal vor mir. Oder setz mir den Mantel ein/dem nach wil ich gern warten/auff die bezalung dein.

Die red gieng mir zů hertzen/betrübt ward mir mein můth ·/. Ich dacht da hilfft kein schertzen/ sol ich mein mantel gůt. Zů Augspurg lassen auff der gant/ vnd bloß von hiñen ziehen/ ist allen singern ein schand.

Ach Würt nůn hab gedulte / mit mir ein kleine zeit ·/. Es ist nit groß die schulde/ villeicht sich balt begeyt. Dz ich dich

zal

zal mit barem gelt/darum̃ laß mich von hinnen / ich ziehe nit auß der Welt.

O Gast das geschicht mit nichten / das ich dir borge diß mal ·/. Dich hilfft kein außred dichten/tag nacht wolst du sein voll. Ich trüge dir auff den besten Wein / drumb mach dich nur nit mausig/ich wil bezalet sein.

Der Würt der sahe gantz krumme / wz ich sang oder sagt·/. So gab er nichtes darum̃e/erst macht er mich verzagt. Kein gelt wust ich inn solcher noth/ wo nit der from̃ Herr Fucker/ mir hilfft mit seinem rath.

Herr Fucker last euch erbarmen/mein klag vnd grosse pein ·/. Vnnd kompt zů hilff mir armē/es wil bezalet sein. Mein Würt vō mir auff disen tag/mein mantel thůt jm gefallen / mich hilfft kein bit noch klag.

Den Würt thet baldt bezalen / der Edel Fucker gůt ·/. Mein schuldt gantz vberale/das macht mir leichten můth. Ich schwāg mich zů dem thor hinauß/ Alde du lausiger Würte / ich komm dir nimm ins hauß.

Diß Liedlin faßt Grünenwald baldt in seinē kopff/ gieng in des Fuckers hof/ ließ sich dem Herzen ansagen. Als er nün für jhn kam/ thet er sein gebürliche Reuerentz / demnach saget er : Gnediger Herz/ ich hab vernom̃en/das mein gnediger Fürst vñ Herz allhie auffbrechen/ vnd auff München züziehen wil. Nün hab ich je nit von hinnen können scheyden/ ich hab mich dann mit ewern gnaden abgeletzt. Habe denen zü lieb ein newes Liedlin gedicht/ so ewer genad das begert zühören/wolt ichs deren zür letzte singen. Der güt Herz/so dann von art ein demütiger Herz was/sagt: Mein Grünenwald ich wils gern hören / Wo sind deine Mitsinger / so dir behülfflich sein werden? laß sie kommen. Neyn genediger Herz/sagt er/ich müß allein singen / dann mir kan hierinn weder Baß noch Discant helffen. So sing her/saget der Fucker. Der güt Grünenwald hub an vnnd sang sein Lied mit gantz frölicher stimm herauß. Der güt Herz verstund sein kranckheit balt/ meynet aber nit das der sach so gar wer/ wie er in seinem

nem sinn zů verstehn geben hat / darumb schickte er eillends nach dem Würt / als er nůn die warheit erfůr / bezalet er dem Würt die schult / errettet dem Grůnenwald seinen mantel / vnd schanckt jm ein gůte zehrung darzů / die name er mit danck an / vnd zohe demnach sein straß. Disem Grůnenwalt kam sein kunst auff dißmal gar wol / sonst hett er sein mantel hinder jm lassen můssen / vnd nackend auß Augspurg gezogen sein. Darumb kunst nimmer zů verachten ist.

Ein Würt zu Jngelstadt bringet mit listen ein Keten von einem Jungen Edelmann.

JCh hab von einem gůtẽ gesellen gehört / welcher bey vnd mit gewesen / dz ein junger Edelmann zů Jngelstadt sein gelt bey einem Würt verzert hat / dann er griff die sach nůr bey dem dickesten an / hielt viel Pancketen vnd Gastereyen. Als nůn die Summa sehr groß ward / fienge dem güten Würt an angst zü werden / gedacht jm mancherley wie er rath finden möcht / damit er bezalet würde. Jn den dingen begabe es sich das des Jungen Edelmañs vatter (welcher ein Ritter was) nach seinem son schicket / er solt vnuerzogenlich heym komen. Da fieng dem Würt erst an die katz den rucken auff zü lauffen / er wußt nicht wie er seinen sachen thün wolt. Zületzt gedacht er jhm / Wolan ich müß ein anders für die hand nemen / ob ich doch mit listen zür bezalung kommen möcht. Er richt ein güt Pancket zü / vñ sagt zü dem Edelmañ / Junckherr ich verstehe wie das jr heym reyten wölt / nün müssen wir vns dennoch züuor mit einander letzen / vnd ein güten müt haben. Diß gefiel dem Edelman fast wol / vnnd sagt: Ja mein Herr Würt / welche maalzeit müß aber solches geschehen / damit ich auch andern gütẽ gesellen / so mir lieb sind / darzü verkünden mag? Der Würt sprach: Junckherr / züm nachtmal bin ich sehr wol gerist / darum̃ mögt jr wol güt gesellen mit bringen /

bringen / so wöllen wir gantz leichtsinnig sein / In summa / die sach ward also abgeredt. Der Würt befahle allem seinem gesind / so baldt man zů Tisch kem / solten sie nur nit faul sein mit einschencken / so was der bescheydt auch geben / das sie den besten vnd sterckſten Wein so er im Keller hett / aufftragen solten / dz geschah nach allem seinem des würtes befehl vnd anschlag. Dann so baldt es vmb die zeit ward / das man zů tisch saß / trug man auff nach der schwer. Da hub sich ein groß fressen vñ sauffen an. Der Würt aber lieff stets von vnnd zů dem tisch / darmit man auff sein fürnemen nicht achten / deſt weniger argwon haben möcht / er schirt auch dapffer zů / darmit dem Jungen Edelmann kein mangel an trinckẽ gelassen würd. Nůn hat der Jung ein schöne guldene ketten am halß hangen / die was zům wenigsten inn die drey hundert gulden werth. Als nůn der Würt marckt / das der jung Edelmann gantz wol betruncken was / saget er zů jm: Junckherr wie mögt jhr doch ein gantzen tag so schwer am halß

tragen?

tragen? Der Junckherr sagt: Wie so? Spricht der Würt: Mich beschwert dē gantzen tag das hembd vnnd wammes am leib/deßgleichen mein hůt auff dem kopff/ ich geschweig das ich ein gantzen tag solt ein solche keten an mir tragen. Sie aber (saget der Jung) beschweret mich gar nichts / ich wolte es kem einer vnd schenckt mir noch eine zů deren/ich trüg sie darzů / ja weñ sie noch so schwer sein solt. Der Würt sagt: Ich möchte doch wol wissen / wie einem wer der ein solche keten trüg. Der Edelmann was nit vnbehend/henckt dem Würt die keten an den halß/der schlamp aber gieng nichts destweniger für sich. Der Würt lieff von vñ zů wie er vormals auch gethan hatt / auff die letzte aber verlor er sich gar/ vnd legt sich schlaffen/acht nit wer die ürten macht. Als nůn das sauffen biß vber die zeit weret / blieben etliche in der stuben auff den bencken ligen/ die sorg was schon bey jnē allen dahin/ der Edelmann dacht nit mehr an seine Keten. Als es morgens tag ward / saß mein gůter Würt auff sein Roß / reyt dahin / nam kein abscheydt von seinen gästen. Nicht lang darnach stund der Edelmann auff / vnd meynt hinweg zů reyten / fragt offt wenn der Würt auffstehen wolt / das er jm seine Keten geb / dann er můst reyten. Zůletzt sagt jm der Stallknecht / der Würt were des morgens frůe daruon / so wißt er nicht anders / dann er were ins Elsaß nach wein geritten. Der gůt Jung war der sachen nicht gar wol zů frieden / wartet biß die Würtin auffkam / sie sagt jm gleich solchen bescheydt. Was solte er thůn / er můßt hinweg auff seins vatters schreiben / so kundt jm die Würtin gar nichts von seiner keten sagen / Also für er gantz trawrig daruō. Vber etliche zeit schreib er dem Würt vmb sein keten / der Würt schreib vmb sein gelt. Als er aber lang vmbher gieng / můßt er jm sein gelt schicken / da hielte jhm der Würt sein keten auch nicht mehr vor.

Ein grawsame vnd erschre- ckenliche Histori / so sich auch von wegen eines kauffs oder tauschs züge- tragen hat.

DJeweil wir jetzund eben von kauffen / wettungen vnd tausch en angefangen haben zů schrei- ben / vrsachet mich auch ein grawsame vñ gantz erschreckenliche Histori / so ich dann selber erlebt / auch beyd personen /

Weib vnd Mann fast wol erkant habe. Nempt war es ist ein Stadt im Elsaß gelegen/ Reichenweiler genañt/ dieselbig ist Graff Görgen von Würtenberg zůgehörig. Jn deren wonet ein Würt/ vñ hieß man das Würtßhauß zům Beren. Derselbig kam auff ein mal in einer zech mit einem andern Würt in ein red/ ein jeder wolt der ander wer reicher. Zůletzt kamen sie in ein solche wettung vñ tausch/ das ein jeder von seinem hauß/ haab vnd gůt gehen solt/ vnd der ander in seines tauschts hauß gehen/ aber auß seinem vorigen hauß nichts tragē/ weder Barschafft/ Silbergeschirr/ Haußrath/ noch Kleyder/ nichts außgenommen/ allein was einer von gewand zů seiner notturfft haben můß. Als bald schlugen sie einander den kauff zů. Da waren von stundan Gesellen/ die trincken den Weinkauff/ damit der tausch bestetiget ward/ wie man dann im Elsaß ein sondern bösen brauch hat. Dann so solche vnerbare kauff beschehen/ findet man balt solche lose kundē/ die helffen zů solchen vnerbaren käuffen/ darmit

mit sie allein den Weinkauff zůtrincken haben/ vnd jnen der kropff gefüllt werde/ es gerathe der kauff hernach wie er wöll. Also gieng es auch mit diesem ellenden tausch zů. Nůn hatten sie beyde ein zeit bestimpt/ so solte ein jeder sein hauß vnd haab verlassen/ vnd in des andern hauß gehen. Der ander Würt aber so mit dem von Reichenweiler getauschet/ was nicht in der Stadt daheym/ aber aller nechst darbey in einem Flecken/ Hunenweyer genannt. Als nůn der von Reichenweiler heym kam/ vnd seinem weib den tausch sagt/ war sie vber die maß sehr betrůbt/ bat jhren Mann auch offt/ er solt von solchem fürnemen abstehen/ vñ sich mit seinem gegentheil in ander weg vertragen. Dann sie hatt jr entlich fürgenommen ehe zů sterben/ ehe das sie von jhrem eygnen hauß/ von hab vñ gůt ziehen wolt. Disen zanck vñ kätzbalg trieben sie lang mit einander. Dañ der Würt jr Mann wolt dem andern des tauschs in keinerley weg abred sein/ so wolt jhn auch jener des tauschs vnnd erbaren kauffs nit erlassen. Nůn gieng die Würtin von Reichenweiler groß schwanger/ also/ das sie gar schier geliegen solt. Auff einen tag hetten sie sich aber gar hart mit einander gezancket/ vnnd erhadert/ zů dem mal hat die Würtin nit sonders gåst im hauß/ dann etliche arbeiter so auß dem Schwaben vnnd Welschland jhrer arbeyt nach an das gebirg ins Elsaß ziehen/ sonst was niemandts im hauß dann knecht vnnd mägd. Als sie jetzund alle nach dẽ nachtmal schlaaffen gangen/ der hadder vnd zanck für vnnd für mit dem Würt vnd Würtin geweret/ ist in der nacht võ denen so im hauß gelegẽ sind/ deßgleichen von etlichen nachbawren/ so am nechstẽ gesessen sind/ ein geschrey vñ tumult im hauß erhört worden. Dieweil aber meniglich von dem zanck vnd streyt/ so diese zwey mit einander gehabt/ wissens getragen/ hat jederman gemeynet/ der Würt schlahe sein Weib. Aber der knecht im hauß/ als er seinen meister die gantze nacht so hort vmschwermen/ ist er zůletzt auffgestanden/ vñ seinen meister angeschrien/ vnnd gesagt: Meister/

was ist doch diese gantze Nacht für ein
ernstliches geferd im hauß / wil euch je-
mands vberweltigen? Da hat jhm sein
Meister geantwort/ vnd gesagt: Was
bleibstu nit ligen/biß zů růhen/vnd lege
dich/mir thůt niemands nichts/ich hab
mein Weib ein wenig geschlagen. Also
ist der knecht wider zů beth gangē. Des
morgens aber als alles Volck im hauß
auffgestandē ist/ hat weđ Meister noch
Fraw auß der kam̃ern wöllen gehn/das
man doch nie an jn beyden gewont ge-
wesen. Als man aber zůletzt die kammer
auffgethan / hat man die Frawen mit
vil wunden am beth durchstochen todt
ligen/den Mañ etlich schritt vom beth/
vnd ein Messer mit silber beschlagen in
jhm stecken/todt ligen funden. Daruon
dann meniglich grossen schrecken em-
pfangen / vñ hat man solche grawsame
geschicht den Amptleuten eillends an-
gesagt. Die haben gleich / dieweil der
argwon so groß gewesen/alle die so die-
selb nacht im hauß gelegē gefenglich an-
genom̃en. Wiewol sie vnschuldig gewe-
sen/ noch dañoch hat sie grosser schreckē

vnd forcht vmbgeben. Zůletzt als die entleibten Personen sind begrabē worden/hat man den nachrichter von Colmar beschickt/vnterstanden die gefangnen peinlich zů fragen. Es hat aber der Nachrichter / als einer so diser ding gepflegen/auß vielen zeichen vnd argwönischen stucken/der sachē gar weit nachdenckens gehabt. Darzů auch den amtleuten gerathen/mit den gefangnen nit zů eilen/ dann es wölte jhn gentzlich beduncken/der Würt hette solchen mordt an seinem Weib/ vnd an jm selbs begangen. Disen rath haben die Amtleut (als denē die sach hart angelegen ist) zů hertzen genommen/ vñ nachgedacht/ auch je lenger vnd mehr dem todtschleger als dem Würt die sach vertrawet / wie dañ auß gar vielen zeichen abzůnemen gewesen ist. Auff das hat man sie wider auß der Erden lassen graben/ vnd noch fernere zeichen an dem Mörder/so dañ sein eigen fleysch vnnd blůt in Můtter leib sampt seinem Ehegemahl lesterlichen ermördet hat / der hat ein solchen bösen geschmack von jm geben/das vn-

glaublichen

glaublichen züsagen/Vnd ist also durch den Nachrichter an ander gewönliche stat/da solche verzweiflete Cörper hin gehören/gefüret worden. Des Weibs Cörper ist in dem Grab blieben. GOtt sey jhrer seelen gnedig/vnd geb dem andern tauscher grosse rew/so nit die wenigest vrsachen diesen dreyen Mörden ist gewesen. Wie vnrecht ist es gethan/eines anderen güt also durch befehrliches tauschen an sich zübringen. Diese Histori hab ich auffs kürtzst hieher müssen setzen/damit meniglich ein genügen hab/an dem jenigen so jm von Gott beschert ist/dasselbig nit also in wind schlagen/als weñ er die gaben Gottes wolt verachten. Darumb last vns solch vnerbar tauschen vnnd solche gefehrliche käuff vermeiden.

Wie zween Dieb einem Pfaffen das Podagram vertrieben.

ZWeen dieb hatten lange zeit in gemeyn mit einander gestolen/ vnd allweg tugentlich/ was sie vberkamen/ mit einander getheilt. Auff ein zeit kamen sie in ein kleines Städtlin/ kunten darinn jrer gattung nit bekommen.

Zůletzt wurden sie zů rath/ giengen hinauß auff ein groß Dorff/ beworben sich vmb jr kauffmannschafft/ damit sie sich mit ehren auß möchten bringen. Sie erkundeten sich so wol/ das der eyn einen hauffen Nüß auff einer hurden ersehen/ zů denen er nachts wol kommen mocht. Der ander fande einen Schafstall

stall im Dorff / darinn waren viel güter feyster Schaf vnd Hämmel / vnter denen wolt er einen stelen / des morgens wolten sie Nůss vnnd Hämmel in dem Städtlin verkauffen. Sie wußten aber kein sicher ort im Dorff / dahin sie jhren kram / so sie nächtlicher weilen vberkamen / tragẽ möchten. Zům letzten besanẽ sie sich an den gerner oder beynhauß / daselbst solt der so am erstẽ sein diebstal vberkeme / des andern warten. Nů was ein sehr reicher Pfaff im Dorff / der lag gar hart an dem Podagram / vnnd hett zween starcker junger knecht / die seiner warten můsten / vnd jhn hin vnd wider heben vnd tragen. Es begab sich als es gantz finster worden was / das die zwen dieb jeder nach seiner wahr gieng. Der mit den Nůssen was mit ersten fertig / trůg einen grossen sack vol auff die todten beyn. Der ander aber / weyß nit was jn verhindert / kunte nit zů genißt kommen. Sein gesell aber / damit jm die zeit vergieng / saß auff den Todtenbeynen / vñ aß nůs / warff die schalen hin vñ wider im Gerner. Nůn begab es sich / das dem Pfaffen in der nacht das liecht auß löscht. Er war zornig vber seine knecht (dann sie waren beydsam entschlaffen/ hatten die ampel nit geschiret.) Als sie aber kein liecht schlagen kundten / sagt der Pfaff zů dem einen/ Er solt ins beyn hauß gehen/ vnd ein liecht auffzünden. Der gůt gesell was geschwind auff den füssen/ lieff dem beynhauß zů. Vnd als er jetzund die stiegen hinab kompt / so hört er den Dieb die nůss krachen/ vnnd die schalen hin vnnd wider werffen/ dauon jm ein grosser schreckē zůstund. Er lieff eilends wider zů hauß on ein liecht. Der Pfaff ward zornig. Als aber die knecht die vrsach anzeyget / schicket er die beyde Knecht mit einander. Als sie aber auch nahend hinzů kamen/ horten sie beyd den dieb auff den beynen. Sie lieffen behends widerumb zů Hauß. Als sie aber kein liecht brachten / ward der Pfaff vber die maß zornig / vnd befahl seinen knechten gůte weyche küssen auff ein mistbären zůlegen / vnd jhn darauff in den Gerner zůtragen. Das geschahe alles nach seinem befehl / sie kamen zů

dem

dem Gerner. Der dieb auff den todten-beynen meynt / sein Gesell kem mit dem Hammel / vnnd schrey von den beynen herab: Thůe gemach / thůe gemach / ich wil dir jn helffen hebē. Die knecht meynten es wer der Teuffel / liessen den Pfaffen fallen / vnd lieffen daruon. Der dieb rumpelt vber die todtenbeyn herab / vñ sprach mit leiser stimm / meynt sein gesell wer da / vnd hett den Hamel / er fraget: Jst er auch feyst? Dem Pfaffen war so angst / dz er des Podagrams vergaß / lieff dahin als were er vnsiñig / der dieb hinnach / meynet sein Gesell wolte den Hammel allein behalten / vnnd schrey hinnach: Hab ich kein teil daran? Neyn saget der Pfaff / du böser Geist / dir soll kein theil werden / so solt du auch kein theil an den nüssen haben. Der Pfaff saget: O ich wil mich gern aller nüssen in ewigkeit entziehen. Des morgens schicket er nach allen Bawren / vnd gab jhn all die nüss wider / so jm zůhanden worden waren / vnd vergienge jm also sein Podogram.

Ein

Ein Franck hat sich auß eim Becher kranck getruncken.

EIn Fränckischer güter Stallbrüder/was in ein solchen brauch kommen/ das er meynt/ er müßte alle tag züm Wein gehen / vnd sich voll sauffen/deß kam er zületzt inn ein grosse kranckheit / alles trostes vnd hoffnung zü leben sich gantz verwegen thet. Im ward von güten freunden gerathen/ er solt nit so kleinmütig sein/ solt doch mittel vnnd rath bey dem Artzte suchen/ er möchte noch diser kranckheit wol auffkommen. Der güt Gesell folget diesem rath / ließ jm den Artzt berüffen/ der kame eilends den krancken zübesichtigen/ damit er jhm rath in seiner kranckheit thün möcht. Als er jm nün den harn besehen/vnnd den Pulß begriffen hatt/da befand er an allen warzeichē/dz jm solche kranckheit von grossem trincken zügestanden wz. Der kranck begert zü wissen / wie jhm sein Kranckheit gefallen thet.

thet. Der artzt wz sehr ein güter schimpflicher Mann/ der sagt: Warlich lieber son/ ich kan nichts anders an dir befinden/ dann das dich der becher gestochen hat/ du müßt dir mit glesern vñ bechern abbrechen/ weñ du wider deiner kranckheit auffkommest. Ja lieber Herr/ sagt der kranck/ ich bitte wolt fleiß mit mir ankeren/ so wil ich mich aller becher vñ gleser alle meine tag massen. Vnd wenn ich schon zům Wein vnd gůten gesellen gehe/ wil ich mich auß einer Fläschen voll sauffen. Diser red lachten alle vmbstender/ vñ auch der Artzt/ nam vrlaub vnd zohe seines weges wider zů hauß.

Ein Beyer aß Saltz vnd Brot/ damit jm der trunck schmecken solt.

AVff ein zeit fůhr ein mechtig Schiff auff dem Meer/ mit grossem gůt vñ Kauffmanschatz beladẽ. Es begab sich das ein grosse Fortun oder Torment an sie kam/ also/ das sich meniglich

meniglich zů sterben vnd zů ertrincken verwegē thet. Auff dem Schiff was ein grober vñ gar ein vngebachner Beyer/ als er von meniglich hort/das sie sich zů versincken vnd zů ertrincken verwegen hatten/gieng er vber seinen ledern sack/ name darauß ein gůte grosse schnitten brots / reyb ein gůt theil saltz darauff/ hub an vnd aß das gantz gůtiglichen in sich/ließ ander leut beten/Gott vnd seine Heiligen anrůffen. Als nůn auff die letzt der Torment vergieng / vnnd alles Volck auff dem Schiff wider zů růhen kamen / frageten sie den Beyer / was er mit seiner weiß gemeynt hett? Der gůte Beyer gab auff jre fragen antwort/ vñ sagt : Dieweil ich von euch allen hort/ wie wir vntergehen vnd ertrincken solten / aß ich Saltz vnd Brot / damit mir ein solcher grosser trunck auch schmecken möcht. Diser wort lachten sie gnůg.

Von einem der Gott für seine armůt dancket.

In

IN aller gantzen Welt/ ist ein armer Mann vnwert/ er komm gleich wo er wöll/ habe auch nie von keinem vernommen/ so sich seiner armůt gefrewet oder getröst hab/ dann eben disen gůten Companien/ der dann

eben zimlich an Gott seiner armůt halben sehr grossen danck gesagt. Das aber füget sich dermassen/ als der Frantzoß/ mit einem grossen Volck inn das Elsaß zogen/ vnd jetzt schon vber die Zaubern steyg kom̃en was/ ist ein reicher Thum̃herr zů gemeltem gesellen kommen/ vnd gantz ernstlich mit jhm von den schwebenden läuffen geredt: Ach mein Zentius (also heyst der gůt freund) was meinest du das auß diesem krieg vnnd wesen werden wöll/ ich sorge der Frantzoß werde vns plagen/ vnd zů armen leuten machen/ ich weyß nit wie ich mein dingen thůn sol/ hett ich nůr viertzehen tag lenger zil/ ehe dann er kem. So sagt dieser/ wenn ich inn ewerem hembd steckt/ ich wißte mich wol zů halten. So rath mir auch lieber Zētz/ wie sol ich jm thůn? Diser gab jm gar mit ernstlichen geberden/ wie er dann im gemeynen brauch hat/ antwort: Thůt eins/ sagt er/ vnnd gehet zům Schultheyssen/ bittet jn vm̄ den stab/ ist euch vmb zween pfennig zů thůn/ gebt die einem weibel/ vnnd laßt jm gebieten/ das er dieser Stadt zwing vnnd Bennen műssig gehe/ so můß er nach der Stadtordnung viertzehen tag warten. Der Pfaff merckt den spott/ so dieser mit jhm treib/ ward etwas darob erzűrnet/ vnnd sagt: Ja du hast gůt daruon zů reden/ dein sach steht jetzund wol/ dieweil du nichts zů verlieren hast. Darauff sagt diser: Das sey Gott gelobet/

bet / jetzund sihe ich erst warzů die armůt gůt ist / ich wolt aber nicht das ich mehr hette dann ich hab.

Ein Schwabe beklaget sich das Gott nicht auch im Schwabenland geweynet hette/als wol als in Italia.

EIn gůt from̃ einfeltig Mann auß dem Schwabenlād / zog gen Rom wallen. Als er nůn in Italien kommen ist/hat er bey einem Würt eingekert/ der hat jn schon empfangen/ Dann er wol gelt zů verzehren hat. Der Würt hat jm fürgetragen/ was er gůts gehabt hat/ darzů die aller besten Wein so man inn Italien hatt/als Veltliner/ Reynfall/ vnd ander gůte geschleck/die haben dem gůten Schwaben gar wol geschmeckt. Derhalben er zů letzt den Würt fragen thet/ was doch solchs für tranck were? Hat jhm der Würt gleich gedacht / er hette einen rechten kunden außgangen / dann er was auch ein geborner deutscher/ vnd ein grosser spott-

 vogel.

vogel. Lieber freund/sagt er/dem trancke so jr nachfragen/sind unsers Herrgotts zehern. O sprach der Schwab/du lieber Gott/warumb hast du nit auch im Land zů Schwaben geweynet. Diser gůten einfeltigen leut findt man nit viel mehr bey unsern tagen.

Ein Reysiger Knecht reyt ein Büchsenschuß von Colmar/ entschlefft/kompt wider hinein/meynet er sey zů Schlettstadt.

ZV Colmar zům Wildenmann/ hatt der Würt Hochzeit/und was für gäst in denselbigen zweyen tagen inn die Herberg kamen/von denselbigen nam er gar kein ürtē/sonder hatte sie allesamen zů gast. Es kam auch eben in der zeit ein reysiger knecht/von dem Würtenbergischen Hof dahin/der nam den Wein dermassen zů jm/als er hinauß für die Portē kam/stund er von dem Pferd ab/unnd legt sich nider/entschlieff.

schlieff. Der Gaul ward ledig/lieff im Feld vmbher/ward von einem Burger gefangen/vñ an die porten gefürt. Als nůn der gůt Reyter erwacht/manglet er seines Gauls/daruon er sehr vbel erschrack/er lieff eillends der stadtporten

zů/fragt nach seinem pferd/das hatte einer auß der Stadt auffgefangen/vnd an die porten gefürt/vnd angebunden/deß was das gůt Reyterlin fro/saß auff sein Roß/meynt nit anderß dañ er wer zů Schlettstadt/vnd reyt widerumb in die Stadt. Als er aber wider zů der herberg zům Wildenmañ kam / sahe er erst wo er was / můßt also die nacht bleiben / denn es schon affter tag zeit was / vnnd ward jedermann zům spott.

Von der Bäwrin / vnd der süssen Martins Milch.

EIn reicher Bawer saß in einem Dorff / der hatt gar ein grossen brauch von Knechten vnnd mägden. Nů begab sich auff S. Mart. Nacht / das er seinem Haußgesinde die Martinus

Martinus Ganß gab / vnnd hatte ein sehr gůt maal zůgericht von gesottens / gebratens / hůneren / gånsen / vñ schweinen braten. Darzů hat er die aller besten vnnd sterckesten newen Wein / so er ankommen mocht / das gesind můst allsamen voll sein vnd nůr dapffer bausen. Zůletzt als der tisch auffgehabē / bracht die Båwrin erst ein groß kar mit gůter süsser Milch / darinn stiegen sie mit den löfflen / vñ hatten gar ein gůten schlam̄. In sonderheit / die Båwrin thet nicht anders / dann wenn jhr die Milch entlauffen wolt. Der Bawr sagt: Gemach meine liebe Greta / dann dir die Milch sonst wehe thůn wirdt / wenn du schlaffen gehst. Die Båwrin kert sich nichts an den Bawren / vnd aß nůr dester vester. Als aber nůn die Trescher schlaffen gangen waren / hat inn der Nacht den einen Trescher sehr angefangen zů dürsten. Als aber er im beth gelegen / vñ gar freundlich mit dem maul geschmatzet / hat jn sein gesell zůletzt gefragt / was jm angelegen wer? hat er jm seinen grossen durst angezeigt. Schweig sagt d' ander /

ich wil dir balt helffen: Dañ die Milch-kam̃er stehet noch offen/ ich wil vns gehen ein gůten hafen mit Milch zůwegen bringen. Nůn was die Milchkammer zů nechst an der Trescher kammer/ vnd auff der andern seyten des bawren kammer/ die stund auch noch offen. Als nůn der ein Trescher in die Milchkammer kom̃en was/ grappet er so lang/ biß er die Milch fand. Er tranck jhm recht gnůg/ nam darnach ein grosse Milch-kachlen voll/ wolte die seinem Gesellen bringen/ damit er seinen durst auch löschen möchte. Vnd als er auß der milch-kammer gieng/ verfehlet er des weges: Dann als er meynt er gienge wider zů seinem Gesellen/ kam er in des Bawren kammer. Da lag die Båwrin mit blossem hindern vngedeck/ der gůt trescher meynt es were sein gesell/ der wer wider entschlaffen/ hůb jhre die Milch für den arß. In dem ließ die båwrin einen blast von jhr gehen. Der Trescher sagt: Du narr/ was blesestu an der kalten Milch/ ich meyn du seyest noch voller Wein sit nåchten. In dem entfůhr der Båwrin

noch

noch ein blesterling / da ward der Tre-
scher erzürnet / erwischet die milch / ver-
meynet die seinen gesellen in das ange-
sicht zů schütten / vn̄ schutt sie der båw-
rin in den hindern. Dauon erwachet die
Båwrin / vnd wußt nit wie jr geschehen
was. Sie gehub sich vbel / dauon der
bawr auch aufferwachet / fragt sie was
jr geschehen wer? O wehe / sagt die båw
rin / ich weyß es nicht / ich lig gantz naß
in dem beth. Der Bawer sprach: Sagt
ich dirs nicht nåchten / als du der milch
so vil essen thetest / dir ist eben recht be-
schehen. Der Trescher schlich auß der
kammer / befand erst das er so grob ge-
fehlt / kam wider zů seinem gesellen / der
was gar zornig vber jhn / saget wo er so
lang außblibe? der durst möchte einem
in so langer zeit drey malen vergangen
sein. Lieber gesell sagt dieser / du weyst
nit wie es mir gangen ist / als ich mit der
Milch auß der kammern gehen wolt /
kam mir die Båwrin entgegen / schalte
mich ein Dieb / vnd richt mich fast vbel
auß / wiewol sie mich nit erkannt. Da-
mit sie mir aber nicht nachfolget biß in

 vnser

vnser kam̃er/ vnd mich erkañt/ nam ich die Milch vnd schutt jr die in das angesicht/ also kom̃ ich on die milch. Also bescheyß dieser Trescher der Bäwrin jhr betth/ vnd beredt seinen gesellen auch/ das er jm glaubt wie er jm gesagt hatt.

Von einem Lautschreyenden Münch auff der Cantzeln/ vnd einem alten Weib.

ZV Poppenried wonet ein Münche/ der dieselbige Pfarr solt versehen/ er hatt ein vberauß grobe stim̃ wenn er auff der Cantzeln stund/ wer jn vormals nicht gehört hat/ der meynt er wer von sinnen kom̃en gewesen. Eins tags hatt er aber ein solches jäm̃erlichs geschrey/ da was ein gůte alte witfraw inn der Kirchen/ die schlůg beyde hende hart zůsamen/ vnd weynet gar bitterlichē/ des nam der Münch gar eben war. Als nůn die Predig auß war/ gieng der Münch zů der Frawen/ vñ sprach/ was sie

sie zů solcher andacht beweget hett. O lieber Herr/sprach sie: Mein lieber hauß würt selig / als er auß dieser zeit scheyden wolt / wůßt er wol / das ich mit seinen freunden sein verlassen haab vnnd gůt theilen můßt / darumb begabet er mich vorauß mit einem hübschen jungen Esel. Nůn stund es nicht sehr lang nach meines Mannes seligen todt / der Esel starb mir auch. Als jhr nůn heut morgen/also mit einer grossen vnd starcken stimm auff der Cantzeln anfiengen zů schreyen / gemaneten jr mich an meinen lieben Esel/der hat gleich ein solche stimm gehabt wie jhr. Der Münch/so sich einer gar gůten Schenckin bey dem gůten alten Mütterlin versehen hatt/ darbey eines grossen rhůms von jhr gewertig was / fand ein gar verachtliche antwort/also dz sie jn einē Esel vergleichen thete. Also geschicht noch gemeinlich allen rhůmgirigen/ wenn sie vermeynen grossen rhům zů erlangen/ kommen sie etwan zů aller grössestem spott.

Von einem Bawren / welchem das maul vnwissend auß dem Angel kam / vnd wie jm wider geholffen ward.

IN einer Stadt im Elsaß gelegen / kamen an einem Wochenmarckt / etliche frembde Wundartzte / Scherer vnd Steynschneider zů samen. Es was einer vnter disen Meistern / der wolt einem Burger sein Son das Scherer handtwerck leren / kamen also in einem Würthauß zůsamen / damit sie des verdinges eins würden. Es was aber ein voller Bawr im Würtßhauß / was man redt oder handelt / wolt er allwegen zů allen sachen sein pfenning werth auch reden / vnd mehr denn ander Leuth vom handel wissen. Das dann nicht vnbillich die gůten Meister verdriessen ward / vnd nicht deßtminder mit jrem handel für füren. Als nůn der volle Bawr mercket / das man jhm auß seiner red nichts wolte kommen lassen /

legt

legt er sich zwischen zween Tisch nider auff eyne banck / vnnd warde hart entschlaffen. Jn dem wurdē die gůten Herren mit jhrer sach fertig. Baldt ersihet einer vnter jnē den vollen Bawren auff der banck / Er sagt zů den andern: Jetzund wolt ich den Bawren wissen zůbereyten / das jhn sein eigen Weib nicht mehr keñen műßt. Das begerten sie alle zůsehen / wenn es on schaden zůgehen möcht. Baldt nam der Scherer seinen rock vmb sich / vnd stund vber den bawren / richt jhm in einem augenblick das maul auß dem angel sonď allen schmertzen. Daruon der Bawer ein scheußlich ansehen gewan / kein mensch so scheußlich jhe gesehen hatt. Jn dem aber von den andern sich ein groß gelechter erheben thet / kam der Würt inn die stuben / hett auch die vrsach jres gelechters gerne gewißt. Bald zeygen sie jm den vollen schlaffenden Bawren / mit seinem weitten auffgesperten maul. Daruon der Würdt erschrack / kundt nit wissen was vnfals diß was. Er gieng eillends hinzů / schůttlet den Bawren so fast er

mocht /

mocht / biß das er jhn von dem schlaaff
aufferwecket. Fragt jn / wz jm so schnell
wer zůgestanden? Der Bawer hat den
mangel noch nicht befunden / wolt dem
Würt antwort geben / da kundt er gar
nicht mehr reden / vnnd kein wort auß-
sprechen. Dann was er sagt / was nůr
A a a. Ach Gott / sagt der Würt / wie ist
doch disem gůten Mann geschehen. Als
nůn der Bawr recht erwachet / vnd be-
fand das er gar nicht mehr reden kunt /
darzů das maul nicht mehr zůthůn / da
fieng jm an vor grosser angst die Trun-
ckenheit zůuergehen / ward gantz nůch-
tern / gehub sich mit weiß vnd geberden
fast vbel / kundt es aber gar nit zů wor-
ten bringen. Der Würt so ein sonder
groß mitleiden mit dem Bawren hatt /
fragt jhn ob er die kranckheit vor mehr
an jhm gehabt hett? Der Bawr schütt
den kopff / kundt aber nichts sagen / dan̄
A a a. Zůletzt sagt der Meister: So jhm
das maul auß den schlossen gehebt hat /
Jch wüßt jm wol in einem huy zů helf-
fen / wenn ich gedechte das er mir auch
lonet für mein kunst. Der Bawer hub
beyde

beyde hende gegen jm auff/ gab mit dem haupt zeichen/ er wölte jm seiner arbeyt wol lonen. Also fordert er einen gulden/ der müßte vor allen dingen par liegen. Baldt erwischt der Bawer einen teller/ zalt einen gulden par auff/ trůg den also mit auffgespertem weitem maul zům Tisch/ daruon aber ein groß gelächter fürgieng. Also nam jn der meister wider vnter den rock/ hat jm augenblicklichen das maul an sein alte stat gericht. Die andern gůten Herren fiengen an zů der sachen reden/ er sol dem bawren etwas von dem gulden widergeben/ dieweil er doch das so mit ringer arbeyt gewunnen hette. Zů erst ward die rachtung gemacht/ das er jm die zween dickpfenning wider gab/ den dritten verzechten sie. Diß was des vnuerschemptẽ schwetzigen vollen Bawren straff.

Einem ward ein zan wider seinen willen außgebrochen/ als er gern gessen hett.

Ein

EJN Kauffmann auß dem Schwabenland / schickt einē jungen Diener in Italien / seine geschefft eins theils darinn außzůrichten. Dem jungen aber kam es sehr vbel / dañ er des Welschen gar nicht bericht was.

Er kam in ein Stadt / darinn kundt er sich gar nicht erfragen / auß mangel der spraach. Nůn hett er faßt gern gessen / vnnd wůßte nirgent kein Würtßhauß. Von vngeschicht begegnet jm ein teutscher / den er erkañt an seiner kleydung / er grůßt jn auff gůt teutsch. Dieser dancket

cket jm gar freundlichen. Also bat er jhn er solt jm ein Würtßhauß weisen. Der gůt gesell was gantz willig / saget jhm / wenn er stracks für sich gieng die lange gassen hinauff / würd er einen gemalten schilt vor der herberg hangen sehen / daselbst solt er einkeren / dann er fünd gůte herberg. Als er aber die gassen auff hin gieng / sihet er vor einem Scherhauß einen gemalten schilt hangen. Er meynt / es wer das würtßhauß / von dem jm gesaget was / zohe hinein. Baldt er in die stuben kam / stund der Meister vnd die knecht gegen jm auff / meynten / er wolte zwagen oder scheren. Als sie jn aber in Welsch fragten / was jhm angelegen were / deutet er auff den mund mit der handt / meynet er wölte gern essen. Die scherer aber verstunden / er lidde schmertzen an einem zan / denselben wolte er außbrechen lassen. Baldt satzt man jm einen stůl dar / vnnd ein küssen / darauff hieß man jhn nider sitzen / von stundan kam der Meister mit einem Instrumēt / vnd wolt jhm gleich ins maul mit. Da der jung solches mercket / vnterstund er sich zů wehren. Der Meister befahl den Knechten/ sie solten jhn heben/dann er lidde grossen schmertzen an zänen. Also wurffen sie jhn zů ruck/ vnd brachen jm wider allen seinē willen ein zan auß/ derhalben nit gůt ist/in ein jedes würtß hauß einzůkeren.

Von einem Scherer/der seiner Můmen senff vnter das blůt schütt.

ES was ein Scherer der hette ein basen/die kam zů vil malen zů jhm/das er jr lassen oder ein Ader schlagen můßt/welches er zů zeiten mit grossem vnwillen thet. Er wußt nicht womit er jhr doch das lassen erleyden möcht/damit sie jhn nicht so viel malen vberlieff. Eins tages kam sie aber ließ auff der Median ein Ader schlagen/bat jren vettern/er solt jr blůt besunder stellen/biß das sie wider kem: dañ sie möchte wol sehen/ was es für ein farb gewinnen wölt. Als nůn die gůt Fraw hinweg

weg kam / da nam er geschwind ein löf-
fel mit Senff/ vnd schütt den vnter das
blůt / vnd rürts vnter einander / da ge-
wan es gar ein wunderbare scheußliche
farb. Nicht lang darnach kam die gůt
Fraw / vnd wolt jr geblůt besehen. Der
Scherer (oder wie mã sie an andern or-
ten nennt Balbierer) fürt sie darzů. Als
sie dz vngeschaffen geblůt sahe/ erschra-
cke sie vber die maß/ dann sie meynt sich
des tods gantz eygen sein. Der Balbie-
rer tröst sie/ vnd sagt: Mein liebe Baß/
du solt nůr ein gůten můth haben / du
bist jetzund von vilen sorglichen Febern
erlöst/ solt diß geblůt bey dir bliebẽ sein/
was meynest du / das anders dann gar
sorgliche Feber darauß entsprungẽ we-
ren. Damit beredt er sie/ das jm die gůt
Fraw aller seiner red glauben gab. Sie
bat jhn gar freundtlichen/ er solts noch
nicht außschütten/ dann sie hett ein ge-
fattern/ deren wolt sie es zeygẽ/ sie wirt
sich nit wenig darab verwũdern. Balt
sie solches gesaget / lieff sie / samlet ein
grosse schar Weiber / sagt jn von jhrem
blůt/ vñ wie es so ein gar schädlich ding

vmb den Senff wer / das er das geblůt mit einander vergifftet / fůrt sie darmit vber das geblůt. Also warde baldt ein gantz lautprecht geschrey in der stadt / wie von der gůten Frawen were Senff im geblůt gegangen. Alo nůn der Scherer meynt / es were jetzund weit genůg außgeschollen / hat er etlichen Weibern vnnd Mannen daruon gesaget / wie es sich zůgetragen vnd verloffen hab / dieselbigen haben ein sehr groß gespey darmit getrieben. Zůletzt ist es der gůten Frawen auch fůrkommen / die dañ auch von manchem verspeyet ward. Diese schmach hat sie von jhrem Vetter so zů hohem zorn angenommen / das sie gentzlich verredt hat in sein hauß nicht mehr zůkommen / welches jm mit gantzer lieb ist gelebt gewesen. Also kam er jhr mit jhrem lassen ab.

Von einem Pfaffen / der bey nacht auff einem Wasser selzam abenthewer erfaren hat.

Ein

EIn güter frommer einfeltiger Pfaff/ so nie mit dem Teuffel zür Schülen gangen was/ gieng auff ein zeit vber feldt. Er was in seinen tagen nit viel gewandert/ hat wenig von weltlichem brauch erfaren. Das güt

Herrlin kam in einen sehr dicken Wald/ darinn vberfiel jn die nacht so gar gehlingen/ das er nicht wußt wo auß oder wo hin er solt/ es vmbgabe jhn ein sehr grosse angst/ er gieng hin vnnd wider in dem wald. Zületzt kam er zü einem grossen wasser/ da ward er gewar das leuth

vorhanden waren/erst lieff jhm die katz den rucken auff: Dann er sorgt es weren Mörder / so jhr auffenthaltung in dem Wald hetten. Der gůte Pfaff/saumpt sich nicht lang/ kroch zů aller nechst am wasser in ein dicke hurst/ sich vor dē leuten/so er reden hort/zů verbergen. Der Mon schein gar hell / das er weit auff das wasser sehen mocht / in dem sihet er vier Fischer inn zweyen weidschiffen da her schalten/ die wurffen jre garn gleich an dem Hammer in das wasser / da der Pfaff in der hurst stack. Als sie die garn wider ziehen wolten/was jhn ein grosser dorn in das garn kommen / daruon sie gantz vnwirsch vnd vngedultig wurden / fiengen gar grausam an zů schweren. Als das der Pfaff hort / ward jhm gar angst/ dann er gedacht/Gott würd das gantz Erdtrich von wegen solcher vngebürlichen schwůr vnterlassen gehen/ wie es dann nicht ein wunder wer. Nůn als die Fischer die dörn auß dem garn gelediget hetten/stiegen sie in jren grossen wasserstiflē an das land / zogen jr brotseck herfür/ vnd wie jr brauch ist/

fiengen

fiengen sie dapffer an zůschlemmen. Stiegen nach dem schlam̃ wider in jre schiff/ vnd fůren weiter nach jrer narung. Diß alles hat der gůt Pfaff gesehen vnd gehört/ kunt oder wust sich aber gar nichtes darauß zůuerrichten. Er erwartet des tages mit grossen sorgen/ als der jetzund verhanden was/ kroch er auß der hurst/ gieng so lang biß er auß dem walde kam/ da sahe er erst wo er daheyme was. Den nechsten Sontag als er sein Predig volendet/ vnd nach gemeynem brauch für alle Stende/ Geistlich vnnd Weltlich bitten ward/ fienge er zů letzt an/ vnnd saget: O lieben freund/ helffet mir GOtt bitten/ für das Volck in den grossen stiflen/ so zů nacht auff dem Wasser faren/ das jnen kein dorn in das Garn kom̃e/ sonst fahen sie an zůschweren/ es möchte der Himmel herab fallen. Jch sag euch/ dz es ein vnnütz volck ist/ was ander Leuth des tages erspa-ren/ fressen sie zů nacht. GOtt sey gedanckt/ so mir von dem vnnützen fressigen gesind geholffen hat. Dise Fabel sey gleich ein gedicht od̕ ein geschicht/ so ist es doch leyder ein solcher böser brauch bey den Fischern entstanden (aber nicht bey allen) das ich glaub man vnter allen handthierungen / nicht ein solches rauloß Volck findet / so an jrer bitteren / sauren vnd sorglichen arbeyt also Gott lesteren / das warlich nicht ein wunder were / Gott strafft sie gleich an der stat. Der Herr gebe sein genad / damit solche Gottßlesterung bey diesem vnnd anderem Volck ein ende neme / vnnd sie darfür seinen Heiligen Nammen preisen vnd ehren. Darzů helff vns Gott der Vatter / Gott der Son / vnnd Gott der heylig Geist / AMEN.

Einer kennet seine eigene hendschůch nimmer.

MAn sagt gemeinlich / vnnd ist auch gewißlich war / Ein jeder Würt so einen reyff außsteckt / můß manches seltzamen gasts gewertig sein / gůt vnd böß / wie sie der weg bringet / also můß er die annemen. Nun ist ein

ein jeder frommer Würt geneygt / weñ ein gast etwas in sein hauß bringt / das er jm das mit allem fleiß / vnd gern verwart / damit er sonder klag wider mög von jhm scheyden / noch dannoch tregt sich zům offtermal zů / dz etwan Wurmstichige kunden (etliche neñen sie Wölfich / wolt jhn aber wol ein geschickttern nammen geben) auch als balt in ehrlichen Würtßheusern einkeren / finden sie jr gattung zůspielen / so schicken sie sich geschwind darzů / wo nicht / dürffen sie wol vngebetē dem Würt die benck auff raumen / vnd darnach wider daruon zihen. Also gienge es eines mals auch zů in einem kalten Winter / da kam ein gůte burſch mit einander geritten / hatten sich allsammen auff den rauhen Wind vnnd vngestim̃ wetter gerůst / biß an einen gůten einfeltigen Priester / der hatt weder Kappen noch Hendschůch / derhalben jn dañ gar hart frore / balt er nů in die herberg kam / sich seines frosts ein wenig abkommen was / lieff er eillends zů einem Krämer / kaufft jhm selb auch ein par hendschůch / waren mit beltz vn-

 terzogen /

terzogen / vnnd gar ſauber von gelbem leder gemacht. Als er nůn wider in die herberg kam / fand er ſeine geſellē ſchon am morgenmaal ſitzen / dann ſie hatten vermeynt / er were etwan zů gaſt geladen / das er nit bey jhn in der herberg eſſen würd. Er eilet zům tiſch / hieng ſeine hendſchůch an die wand zů anderm ſeinem blunder / Des hat ein Abenthewrer wargenom̃en / ſo von vngeſchicht auch in die ſtuben kom̃en / damit er ſich wermet. Als nůn die gůten Herꝛen im beſten eſſen vnd ernſtlichem geſprech warē / nam er die hendſchůch gieng eilends für den ſtubenofen / macht ſie gantz ruſſig vnd ſchwartz / als weñ die lang vmb die banck gangen weren / er nam ſich aber gar nichts an / gieng wider in die ſtuben / behielt die hendtſchůch in den henden. Als nůn die Gäſt geſſen vnnd den Würt bezalt hetten / ſich wider anlegten / vnd auff den weg rüſten. Der gůt Herꝛ ſahe vmb nach ſeinen hendſchůchen / die waren nicht mehr vorhanden / er ſucht hin vñ wid̃ / ſahe den abenthewrer offt an / vñ fragt jn / ob er jm ſeine hend-

ſchůch

schůch nit gesehen. Dieser nam sich zům theil murrens an/zoch die berustē hendschůch herfür/vñ sagt/was hab ich dañ mit eweren hendschůchen zůthůn/hie hab ich jr zwen/sind sie ewer/ mögt jr sie wol nemen. Neyn sagt der gůt Herr/sie gehören mir nit zů/ dañ die meinen sind gar new. Also můßt der gůt Herr ein ander par kauffen / wolt er anders nit gar vbel erfrieren. Derhalb solt jhr alsamen gewarnet sein / ewer Hendtschůch baß versorgen / dann sie im Winter gar angriffig sind.

Einer fraß für viertzehen batzen Krametvögel.

GEn Augspurg kam ein gůter einfeltiger Mann an einem wochenmarckt/ der hatt nicht mehr dann einen gulden im seckel/ darumb er willens was korn zůkauffen / wolt aber deñoch ein halbs meßlin wein trincken. Er kā in die herberg in welcher Grünen wald schier sein mantel verbissen hatt.

Er

Er hieß jhm ein halbs bringen / vnd ein brot darzů. In dem ersihet er aufftragen (etlichen grossen Hansen) ein blatten mit Krametuögel / er fragt einen so von vngeschicht in der stubē gieng (vñ ein grosser speyuogel was.) Lieber / sagt der gůt Mann zů jm / was gilt doch ein solcher Vogel ? Dieser sahe wol was er für einen kuntmañ vorhanden hett / vñ sagt: Man gibt eyn vmb ein pfenning. Die Vögel rochen dem gůten Mann in die naß / bat die würtin / so sie mehr hette / solt sie jhm auch einen bringen. Sie was willig / bracht jm einen also warm vom spiß / der schmackt jhm gar wol / er gedacht bey jm selbs / dz sind gůt schmutzig vögel / ich můß noch mehr pfenning daran wagen / wann ich schon ein Batzen in vögeln verschlemm / so hab ich jr doch ein mal gnůg gessen. Er růfft der Würtin / sagt / hette sie mehr vögel / solt sie jm mehr bringen. Also bracht sie jhm eyn nach dem andern fein also warm von dem spiß / biß das er viertzehen gessen hatt. Da meint er des schimpffs wer jetzund genůg / hieß jhm die ürten machen.

chen. Wieuil/sagt die Würtin/habt jhr Wein? Er sagt: Ein halbe maß. Das ist drey Creutzer sprach sie. Nůn wie vil habt jhr brot? Er sagt: für ein Creutzer. Das macht zůsamen ein batzen / sprach die Würtin/noch habt jr viertzehen vögel/thůt ein jeglicher eyn batzen/ wirdt zůsamen ein gulden. Der gůt Mañ erschrack der wort ohn massen sehr/ wiewol er erstlich meynet die Würtin triebe jre schertzbossen mit jm. Er fieng an sich hinder den ohrn zůkratzen: Ach/saget er / wie bin ich so schendtlich beredt worden / es gelt ein solcher Vogel nicht mehr dann eyn pfenning. Er sahe sich vmb nach dem so gesagt / es gülte ein Krametuogel nit mehr dann eyn pfenning / er was aber nicht mehr vorhanden / sonder hatte sich getrolt. In summa / die Würtin wolt jhm ein heller nit nachlassen / sonder holhipet jn gůt ding darzů auß / vnnd ward nůr sein dapffer spotten/ sprach: Kanst du Krametuögel fressen/ so zal sie auch. Nůn hab ich nicht mehr/ sagt er / dañ ein gulden bey mir/ wolt korn für mich vnd meine kinder

der darumb kaufft haben/ sol ichs dann also auff ein mal in vögel verzert habē/ so erbarms Gott. Also gab er der Würtin die funfftzehen batzen/ vnd für trawrig vnd wol verspott daruon.

Einer nam ein par Hendschůch zů lohn / vnnd wolt für ein Edelmann in die Hell fahren.

AVff ein zeit sassen vil gůt gesellē/ vom Adel vñ sonst auch in einer zech/ redten von vielerley hendlen/ vnd gůten schwencken. Jn dem kam ein gůter vogel ein Gartknecht hinein/ vnd als er so ein gůte Bursch bey einander findt / spricht er sie gantz freundtlichen an (wie dann derselben gůten knaben gewonheit ist) vmb ein zehrpfenning/ damit er mit ehren weitter möchte die leut bescheissen. Die gůten Junckherren hiessen jn an einen ledigen Tisch nider sitzen/ befahlen dem Würt er solt jm ein suppen vnd stuck fleysch geben / ein

maß

maß wein/ vnd brot darzů/ das geschahe also. Vnter dem er also sitzt/ ißt vnnd trinckt/ sagen die Edlen von jhrem einkommen/ was ein jeder vermögens sey/ vnter andern sagt einer vnter jn: Mich benügt an meinem einkom̄en wol/ mein Vatter hat mir souil Bawrn verlassen/ die für mich Fronen vnd arbeiten/ můssen mir auch korn vnd weytzen/ Habern vn̄ Gersten zů füren/ deßgleichen Wein vnd Butter/ Cappaunen/ Genß vnnd Endten/ zů sampt meinem brennholtz so ich auff meinem hauß oder Schloss brauchen mag. Zů dem hab ich an pfenniggülten auch souil einkommens/ das ich mit gůten Gesellen mage ein ürten thůn. Vn̄ das mir am liebsten ist/ so bin ich Colator vber etliche Pfarren vnnd pfründen/ dieselbigen Pfarrer vn̄ Capplen müssen für mich betten/ so hab ich noch zwo schwestern in einem Frawenkloster/ die schreiben mir zů vil malen jr andechtig gebet zů. Dieselbigē hat mein Vatter selig allein darumb in das Kloster gethan/ das ich mein stat dester baß mag erhalten/ sonst hett er jhn viel zůr

heym-

heymstewer geben müssen / so mir ein grosser abbruch gewesen wer. Mir aber manglet noch eins / wenn ich nůr einen künd ankommen / so für mich inn die Hell führ / dem wölte ich gern ein gůte verehrung thůn. Der Gartknecht von dem oben meldung gethan / hette sein maß weins schon getruncken / vnd was jetzt gantz auffgefroren / dann jhm der Wein ein werme bracht hatt. Er fieng an vnnd sagt: Junckherr was wölt jhr mir zůr besoldung geben / ich nimb den kauff mit euch an / vnnd fahr für euch in die Hell. Der Edelmann sagt: Was wilt du nemmen. Nicht mehr / sagt der Gartknecht / dann gebt mir ein gůt par hendschůh damit ich disen kaltē winter vor dem frost mich erneren mög / wil ich den kauff mit euch eingehn. Der Edelmañ hat zween gůt Wölfin hentschůch an der wand hangē / die nam er daruon / gab sie dem verrůchten vogel / vnnd befahl darmit dem Würt / er solt jm noch ein maß Wein bringen / wie dann auch geschahe. Er tranck denselbigen auch auß / war so voll / das er hinder dem tisch ent-

entschlieff. Nůn was ein junger Kauffmann an der Tafel / so kurtz daruor inn einem Spiel ein Teuffel gewesen was / vnd hat jhm gar ein vngehewers kleydt darauff machen lassen / derselbig sagt zů den andern / mögt jhr das leiden / wil ich ein fein Faßnacht spiel mit diesem öden kunden anrichten / jhr solt sein allsamen genůg lachen. Das liessen sie jnen allsamen wolgefallen. Er schicket nach dem scheußlichen kleyd / legt das an / kam in die stuben / erwischt den Landßknecht oder Gartbrůder bey der karttausen / macht jn munder / vnd sagt mit grausamer stim̃: Landßmañ wolauff / du můßt mit mir daruon. Der volle zapff / so noch nicht gar ermundert war / jhm auch der Wein noch in dem kopff stacke / blicket auff. Als er den Kauffmann in der gestalt vor jm stehen sahe / meynet er nicht anders / dann es wer der lebendig Teuffel / erschrack vber die maß gar sehr / vnd vnterstund zů entlauffen. Baldt erwischet der Kauffmann den tropffen / vnd mit jm in ein finstern stall zů / band jhm alle viere zůsamen / darnach schmiert er jn gar wol mit einem gůten prigel / das jm seine lenden gar wol allenthalben erbeert vñ geschmiert wurden. Der gartknecht / wiewol er ein gar verwegner vñ leichtfertiger vogel was / so war jhm doch so angst in solchen nöthen / das er Gott vnnd alle seine Heiligen anrůffet / vnd verhieß / er wölt hinfür baß sein leben besseren / vnd nicht mehr so rauhloß sein. Der Wein was jm auch vor lauter vnnd grosser angst auß dem kopff kommen. Also band jn der Kauffman wider auff / vnd jagt jn mit gůten streychen zů dem stall hinauß. Er saumpt sich nicht lang / sprange zů der Herberg hinauß / ließ seinen Dägen vnd hendschůch dahinden / dann jhm vor grosser angst der frost vergangen was / das jhn weder an hend noch füß mehr frieren ward / sahe stetigs hindersich / ob jm der Teuffel nit nachkem. Die anderen Herren vnd gäst des schwancks gnůg lachten / vnd blieben also dem Edelmann seine Hendtschůch. Dieser rauhloser kunden findet man gar vil / so mit solchen freuelen worten vmbgehn / das nit ein wunder wer /

Der

Der Hellisch lebendig teuffel fürt sie an der stet hin. Ich kenn selbs ein Würtin von deren hab ich gehört/vnd nicht nür ein mal/sonder offt/das sie saget: Ich weyß wol das ich nit verloren bin/wenn mich schon vnser Herrgott nicht wil/ist mein der Teuffel fro. Das mich offt vnd dick wunder genommen/das GOtt der Herr so lang mit seiner rach verzeucht. Ich möcht auch gern einē solchen Faßnacht Teuffel sehen dise verwegne haut mit einem gůten prigel beeren/wie dieser Kauffmann den Gartknecht/ob sie doch jhr verrůchte weiß vnd verwegne wort lassen wolt.

Wie ein geschwinder Kund in Italiam die Juden vmb groß gelt bracht/das sie jhm mit gůtem willen gaben on verdient.

IN einer Stadt in Italien/ wz ein Münch Prediger ordens/ derselbige fast wider die Juden auff der Cantzeln schrey / vnd in sonderheit wider jhre Gebet / so sie teglich der Christlichen Oberkeit vnnd gemeyner Christenheit zů wider beten vnnd sprechen můssen / sampt andern verflůchungen / so sie in anschawung der Christen sprechen. Vnnd damit ein jeder Christ selbs lesen vnnd vernemen mag / wil ich sie alle zů end diser Historien setzen / wiewol ich mir fürgenommen hab ein eigens Tractetlin wider solche jhre böse gebreuch zůschreiben / so mir ands Gott das leben verleyhet. Nůn diser Predicant bracht die sachen dahin / dz die Juden in gantzẽ Italien (solche schmechliche gebet) auß jrẽ betbůchlin außthůn můssen / dann wo man von einem gewar ward / das er des orts vngehorsam was / ward er an seinem Leib gestrafft. Diese vrsach bracht die Juden alle gar inn einen solchen haß gegen gedachtem Prediger München / das sie alles böses auff jhn erdachten / darmit sie jhn möchten vmbs leben bringen / aber alles vmb sonst was. Nůn was ein Jud an demselbigen ort / mit namen Nata-

der

der hatt einen Landßmañ in dem Kloster / der was ein Beckenknecht gewesen / vnd hat faulkeit halben den Orden angelegt / was ein Leybrůder worden / vnd bůch dem Conuent alles brot so sie bedorfften. Diser brůder wz auß teutschland geboren / wie dañ auch Nata Jud. Darumb er dann vil zů dem Juden wonet / vmb des willen / das der Jud zů zeiten in Teutschland reiset / jm der brůder hin vnnd wider bottschafft außrichtet. Diß hatten etliche Juden wargenommen / gedachtē durch jn durch gemelten brůder / mittel vnnd wege anzůrichten / sich an viel gemeltem Münch zů rechnen. Die fügten sich zů dem Teutschen Juden / boten jm ein summa Duckaten on zůschencken / wo er sein Landßmann den Becken dahin bringen möchte / das er dem Münch ein Venedisch süpplin kochen / vnd zůessen geben wolt / jm dem Brůder solten auch nit minder Duckaten gestecken. Jn summa / der Jud bewilliget jhr anmůtung auffs fleisigest außzůrichtē. Er füget sich zů dem brůder / vnd mit langen vmbstenden zeyget

er jm zůletzt sein meynung an. Der brů-
der (so auch mit dem Teuffel zůr Schů-
len gangẽ) sagt zů dem Judẽ: Ach mein
lieber Nata / wo aber die sach außkom-
men solt / wie würd es mir armẽ brůder
gehn. Drauff sagt der Jud: Brůder / du
weyst dz ich dich an dẽ ort nit vermeldẽ
würd / sonst můst ich (als ď / so dich dar-
zů verursacht) in vil grösser gefar stehn
dañ du selbs. Darum̃ mag die sach nim-
mermehr geoffenbart werdẽ / es sey dañ
durch dich oď durch mich. Darauff ant-
wort der Brůder: Nata / ich wüst ein
andern weg / weñ dich das gelt nit hier-
an verhinderte. Wir haben einen Koch
im Conuent / ein gar geltgirigẽ mensch-
en. Derselbig můß zům offtern mal dem
Predicanten sonderlich kochen. Dann
sein brauch ist vor der predigt nit zů es-
sen / diser koch kündte die sach am besten
zů ende bringen. Dieser anschlag gefiel
dem Juden fast wol / beschloß also mit
dem brůder / er solt die sach auff die ban
bringen / es solt an keinem gelt erwindẽ /
schieden darmit von einander. Der brů-
der was wol zů můt / dañ er gedacht die
Juden

Juden vm̃ das gelt zůbringen/ vñ můst dañoch dem Predicantē kein leyd wider farē. Er kam zů dem koch/ vñ sprach zů jm: Compani weñ du es zů danck annemen/ wolt ich dir ein gůte zerung zůwegen bringen/ so du mit ehren vnd from̃keit wol nemē magst/ sagt jm damit die meynunge. Die beyd wurden zů rath/ fügtē sich zů dem Predicantē/ vñ baten jn in der sachē beholffen zů sein/ darmit sie die Judē vmb das gelt bringē möchten. Das sagt er jnen zů/ er hat auch gar fleissiges nachgedencken auff die sach. Nů hat der Predicant auff nechst künfftigen Sontag ein sonderliche zůsag gethan von der Judē schalckheit zů offenbarn/ diß waren die schendlichen Juden schon jñen worden/ darumb sie dem brůder ernstlich anlagē/ mit der sach auffs schnellest für zůfaren/ damit der Predicant an seinem fürnemmen verhindert würde. Das alles sagt der brůder dem predicantē/ dem gefiel die sach gar wol/ vnnd sprach zů dem brůder/ er solte eillends zů dem Juden gehen/ vnd jhm zůbereyt gifft geben heissen/ sagen er wüst sonst keins (sonder grossen argwon) zů wegen zůbringen. Das geschahe also nach seinem befehl. Der brůd nam das gifft so inn einem gläßlin eingemachet was / bracht das dem Prediger / vnd saget: Domine lector nemet hin das gifft vnnd esset das / dardurch mag ich viel gelt vberkommen / aber wo es euch zůwider ist / mögt jr sein wol můssig gehn. Hab es euch geben zů essen (wie ich den Judē zůgesagt) jr aber mögt nůn thůn was jhr wolt. Der Predicant nam das glaß mit dem gifft / verwaret das gar wol / damit er das zů seiner zeit brauchen möcht. Auff den künfftigen Sontag nam er sich eins grossen wehtagens an / legt sich zů beth / gehube sich fast vbel / nam auch etlich artzney wider gifft ein / als wenn er das gessen. Als nů die stund kam das er predigen solt / versamlet sich ein grosse mennig in der Kirchen. Balt kam das geschrey durch einen anderen Münch so auff der Cantzeln stund / der Leßmeister hett einen schweren zůfall vberkommen / vnnd wer zů sorgen / jhm wer mit gifft vergeben worden / des sich

meniglich

meniglich vbel gehub. Diese mähr kam auch geschwind für die Juden/deñ sie jr kundtschafft alle zeit in der Predig hatten/sie waren wol zů můth/sagten vnverholen/diß wer ein sondere straff von GOtt/dieweil sich der Münch mit so starckem predigē wider die Hebreer gelehnet. Nůn hat er wol gewußt/das Gott von alter her alle die so sich wider die Juden erhebt hatten/hart gestrafft. Darum̄ solt er sein müsig gangen sein/vnd die Hebreer nicht so gar verfolget haben. Deren worten schlugen die Juden gar vil auß/vnnd waren in grossen freuden/vmb das jhr Widersacher dem Tod so nahend sein solt. Als aber nůn den Leßmeister zeit daucht/ befahle er den beyden brůdern Pfister vnd Koch/sie soltē sich aller gestalt rüsten/als weñ sie aller ding wegfertig weren/vñ darvon lauffen wolten/dann der argwon were gantz auff sie gefallen/solten eilends zů den Juden gehen/vnnd jhnen solche meynung anzeygen/damit jr versprochne belohnung fordern. Das geschahe also. Sie kamē gantz angsthafft

zů den Juden / zeygten jnen solche mey-
nung an / sie můßten sich trollen / dann
das gemům̃el wolt auff sie fallen / wer
zů sorgen / wen̄ sie lenger blieben / můß-
ten sie in gefengniß kommen / alßdann
würd man die warheit von jhnen erfa-
ren wöllen / wo dan̄ die solt an tag kom-
men / möchten sie (die Juden) solcher
gefahr auch nicht entgehen. Derhalben
begerten sie jren versprochnen lon. Die
Juden (so nicht anderß glaubten / dann
jhm were also wie die zween anzeygen)
waren wol zů můt / vnd nůn darmit sie
baldt jres pfads kemen / gaben sie jhnen
mehr dann jhnen versprochen was / das
namen sie mit freuden / vn̄ zogen den ne
hesten weg inn das Prediger Kloster /
zeygten diß golds dem Leßmeister oder
Predicanten / der nůn des handels halb
nicht wenig freud nam / bracht auch an
einem gantzen Conuent zůwegen / das
beyden brůdern jr gelt blieb / sonst hetts
der Orden genommen. Des andern ta-
ges nam der Lector die zwen brůder zů
jm / gieng mit jnen zů marckt spatzieren /
vnd sonderlich da am allermeisten Ju-
den

den waren / die solcher anblick gar sehr erschrocken / vnd sonderlich die so den beyden brüdern das gelt geben hatten: dann sie wol gedachten / jr anschleg vnd practicken würden außbrechen. Also haben sie baldt das loch getroffen / vnd haben die brüder mit dem gelt einẽ gůten můt haben lassen. Dieweil sie nichts an jnen wußten zů gewinnen.

Von einem grossen Eyferer / der nicht leiden mocht / das ander Mann mit seinem Weib gůter dingen waren.

ES schreibet der hochgelehrte D. Sebastianus Brant in seinem Narrenschiff vnter der Figur des 32. Narren / von den grossen Eyferern / vnd spricht: Der hůte der häwschrecken an den binen / vnnd schůtet wasser in ein brun̄ / der hůtet das sein Weib bleib fromm. Darmit wil er endtlichen zů verstehn geben / das solche hůt gar vmb

sonst

ſonſt ſey. Dañ es hilfft nichts/oder aber darff ſein nichts / darnon mercke einen gůtē ſchwanck. Es was auff ein zeit ein ſolcher groſſer eyferer in einem flecken/ der hatt ein hůbſch weib/ er forcht aber jr gar vbel/ mocht nicht leiden / das an-

dere Männer oder auch geſellen mit jhr redten oder gůter ding waren. Er lieſſ ſie auch gar kūmerlich zů andern nachbawren Sommers zeit an der gaſſen ſitzen / auch kame ſie gar ſelten zů Hochzeiten oder anderem wolleben. Der fantaſt ſorget allezeit/ſie wůrde jhm leben-

dig

dig gefressen. Diß namen etliche speykatzen mit fleiß war/giengē dester mehr vmb das hauß spatzieren. Wenn dann die gůt Fraw bey jhren Nachbawren saß / stunden sie hinzů / trieben gůte schwenck vnd bossen mit jhr. Diß vnnd dergleichen wolt den Tippel vnsinnig machen / er dorfft auch nit dergleichen gegen seinem Weib thůn/ dann jm was vnuerborgen / was man den Weibern vnterstehet zů leyden/ darnach verlanget sie erst. Die Fraw aber an allen seinen geberden wol abnam/weß er gesinnet was / ließ sich es aber jhe lenger jhe weniger bekümern / was nůr mit jedermann dester leichtsinniger. Als aber der Stockfisch solches auch warnam / gedacht er durch was fůge er doch solches alles abschaffen möchte. Er besan sich kurtz/ vnd kaufft ein Hauß in einem andern Flecken/ vnnd machet sein dinglin zůsamen / lůde das auff kärren vnd wegen / fůhr also daruon. Die gůte Fraw so mehr witz hatt dann jr Mann/ ließ jr die sach wolgefallen/thet auch dergleichen als wenn er jhr fast lieb wer/ darmit

mit erfůr sie fein sittlich an jrem Mann wz die vrsach war seines auffbrechens: dann er sagt/ wie es jhm so gar zů wider were/ das jm solche gesellen teglich vmb das hauß giengen / wiewol er jhr nichts args gůnnet auch vertrawet/ möchte er es dannocht nicht sehen / sonst hette er gar kein vrsach / darum̃ er hinweg zog/ dann eben diese. Die Fraw fasset diese wort in jhr örlin. Als sie nůn mit jhrem haußrath auß dem Flecken fůren/ vnnd weit hinauß in das feld kamen / springt die fraw vom wagen/ vnd sagt: O weh Hans / ich habe das aller notwendigest dahinden gelassen/ halte ein wenig still. Der fantast fragt was sie dann vergessen hette? Ey/ sagt sie/ ich hab kein fewer mit mir genom̃en. Du grosse Närrin/ sprach der Mann / meynst du dann wir ziehen an ein fewrloß ort/ du wirst fewer / holtz vnd stro gleich so wol dort finden/ als da wir herkommen. So bist dů/ saget die Fraw/ viel narrechtiger dann ich / finden wir fewer dort / werden wir on zweiffel auch solche leuth finden / die dein eyferige weiß baldt erlernen werden/

hen/ dir gleich den anderen zů boßheit vmb das Hauß gehn. Darum̃ wer noch mein rath/ du liessest vns bey dem vnseren bleiben/ vñ an dem ort da man vns vnd wir die leuth erkennen. Also gieng der Dippel in sich selb/ erkãt seiner frauwen rath für gůt/ vñ zoch wider zů ruck in seine alte herberg/ ließ hinfürbaß seinen eyfer faren/ vnd ward ein rechtgeschaffener Haußmann.

Wie ein Pfaffen Magd im Bawrenkrieg in ein Honig hafen hoffiert.

IM Jar als man zalt 1525. als die Bäwrisch auffrhůr durch alle Land wůtet/ begab es sich das die Bawren in einem Dorff nicht weit von Colmar gelegen/ Anselßheym genannt/ in dem hielten sie auch hauß wie jr gewonheit was/ wo Pfaffen in einem Dorff waren/ blindertẽ sie jn die heuser/ wz sie von essenthaffter speiß fundẽ/ verschwendtẽ sie/ was sie zůr notturfft nit essen

essen mochten/verwůsten sie. Also gien-
ge es mit allen Klőstern vnnd Pfaffen
gůtern. Nůn was ein alter Pfaff im ge-
meltem Dorff/der hat sein hab vñ gůt/
so vil jm hat lufft mőgen werden/ in die
Stadt geflehnet. Aber was von essent-
haffter speiß wz/hat er den mehrer theil
im hauß gelassen/als Butter/ Schwei-
nin fleysch/kåß vnd eyer. Vnter ande-
rem hat die Pfaffen magd einen grossen
hauffen/mit gunst zůreden/in einen ha-
fen gehoffiert/ vñ ein andern hafen mit
Honig darůber geschůtt/vnd sich baldt
darnach hinweg getrollt/ vnnd im die
Stadt gemacht. Als nůn die Bawren
in das hauß kom̃en/macheten sie raum
auff/kommen zů letzt vber den gebeiff-
ten Honig hafen/frassen dē honig oben
ab/biß auff die feigen/so die Pfaffenkel-
lerin darein gelegt hat. Als sie aber die
bon funden/huben sie an gemeinlich zu
speien/man hett ein hafen mit gefüllt/
der noch so groß gewesen als der/dar-
auß sie den honig gefressen hat-
ten. Also wolt ich das allen
schleckern widerfůr.

Von

Von einem so seinen freunden vmb sein zwentzig järige haußhaltung rechnung gibt.

EIn güter zechbrůder so allweg gern bey dem schlam̄ sein zeit vertrieb / was auch allwegen der erste darbey / vnd zůletzt daruon. Darneben was er auch so gar ein tugentlicher vnd geschlachter Mensch / kein schwůr hört man nimmer von jm / sein schwerster flůch vñ schelten was nůn getz gůte Gott / vñ getz angstiger angst. In summa als er jetz auff die zwentzig jar hauß gehalten / hatt auch schön Weib vnnd Kind / ließ er dannocht seine alte weiß nicht / Darumb er dañ zů vil malen von seinen freunden vñ gůten gůnnern gestrafft mit freundlichen vnd gůten worten / vielleicht mehr vmb seines nutzes dann jres nutzes vnd frommens willen. Als sie nůn jrer straff nit wolten abstehen / begab es sich das der gůt schlem̄er ein verdruß vñ vnwillen daruon vberkam.

kam. Getz gůte Gott sagt er/ was geht jr doch stets mit solcher teding vm̄/ was zeyhet jhr mich doch / nůn hab ich doch nicht so gar vbel hauß gehalten: dann jr wißt allsamen / das ich erstmals als ich angefangen hab hauß zůhalten / habe ich nicht mehr dann viertzig gulden an leib vñ gůt vermögt. Nůn hab ich nůn bey zwentzig jaren vnd lenger haußgehalten. Wenn ich schon morgen sterben solt/ vnd die sach zům aller vbelsten hinauß solt oder wolt gehn/ fůnd man dannocht inn eim vnnd im anderen zwentzig Gulden werth gůts. Nůn laßt viertzig gulden schuldig sein / mehr bin ich nicht / so habe ich dannoch erst alle jhar ein gulden auß dem hauptgůt verthan. Find man doch manchē so in einer wochen oder in einem tag hundert gulden auß dem hauptgůt verthůt / was wolt jhr doch auß mir machen? Als sie nůn solche seine vermanung von jhm vernommen / ward auß jhrer straff nůr ein gelechter/ vnnd liessen jhm sein weiß/ dieweil sie nichts anders machen kundten.

Ein Junger Gesell schluge seine Braut vor der Kirchen in das angesicht.

ZV Pfortzheym was ein Junger Gesell / der hatt eine schöne tochter zů einem Weib genommen. Als nů der tag kam / das sie solten zů Kirchen gehen / lude er viel ehrlicher Leuth zůr Hochzeit. Auff die ward ein gůts maal zůgerichtet / wie dann gemeynlich an

 allen

allen orten der brauch vnnd gewonheit ist. Des morgens fůrt man sie zů der kirchen/ mit Pfeiffen vnd Trummen/ vnd was alle freud da. Als nůn der Priester vnter die Kirchthůr kam/ vnd die braut wolte einsegnen/ sahe er die Braut gar schamparlich mit lachendem mund an/ beweget sie darmit/ das sie auch lachen ward. Diß sahe der Breutigam/ meynet der Pfaff hette etwas kundtschafft zů der Braut (die doch ein fromme erliche Tochter was.) Der Breutigam aber on alle weittere erfarnuß zucket die faust/ schluge die gůt Braut ins angesicht/ das sie zů der Erden fiel/ dadurch alle vmbstender die so zů der hochzeit geladen waren/ inn verwundern kamen/ auch der vnzucht des Breutigams wenig gefallens hetten. Dise geschicht kame baldt für die herrschafft/ die gab billichen/ vnd ein rechten befelch/ dz man die frommen biderleuth solt (die zů der hochzeit geladen waren) in die herberg füren/ darinn die malzeit bereyt was. Vnnd aber so baldt diß geschehen/ solte man den Breutigam inn Thurn füren/ vnd

vnd sein hochzeit darinn haben lassen/ darinnen er dann etliche Wochen hernach sein zeit vertreiben müßt/ das dañ auch sein verdienter lohn was.

Einer hatt ein guten fürsatz.

EJN wunderbarlicher Kundt beichtet in der Fasten nach altem brauch. Als er aber dem Beichtvatter viel seltzam vppig zotten herauß sagt/ vñ jn der Pfaff darüber schalt vñ strafft/ Fragt der Abentheürer weß er sich dañ halten solt/ vñ wie er thůn solt/ das er jm recht thet/ sagt jm der Beichtvatter/ er solte sein vppige weiß lassen/ ein fein zůchtig vnd erbar wesen an sich nemen/ Gottßlesterung vnd andere laster vermeiden/vnd darneben einen gůten fürsatz haben. Sagt er: Lieber Herr/ geht heym in mein hauß/ da werdet jhr ein gůten newen fürsatz finden/ dunckt euch der nit gůt gnůg sein/ wil ich vmb einen bessern vnd sterckern besehen. Der gůt Beichtvatter kundt wol verstehn/ was er für einē vogel vorhanden/ weißt jhn mit seinem fürsatz hinweg.

Einer hatt ein heyssen Kopff.

IM Elsaß ligt ein Stadt am gebirg mit namen Keyserßberg/ dariñen wonet ein Burger/ welcher auch ein Rathßfreundt was/ aber gar eins wunderbarlichen kopffs vnnd gemůts/ er was gerechten dingen hold/ wenn er jm ein sach fürnam/ ließ er sich keins wegs daruon abtreiben/ Das erschiene sich an seinem leben vnd absterben. Es begab sich auff ein zeit/ das gemelter Schandene (also was sein namme) im Rath zů Keyserßberg saß/ vnnd war einer sach halbē befraget/ was sein meynung darinn were/ er fellt nach seiner gewißne ein vrtheil/ welchs jhn gůt beduncktt/ vnnd meynet auch gentzlich darbey zů bleiben/ was andere Rathßherrn darzů sagten/ bestunde er für vnd

für

für auff seinen eilffaugen/ wolt von seiner meynung vmb einiges har nit weichen. Also sagt einer des Raths zů jhm: Hey nit also Schandene/ jr můst ein wenig gemach traben/ wie kündt jhr so ein heyssen kopff haben. Diese wort verschmachtē dem gůtē Schandene / nam von stundan seinen hůt / warff den von jm/ vñ sagt: Wolhin/ist mir dann mein kopff so heyß/wil ich jhn lassen erkülen. Also hat er von disem tag an keinen hůt noch andere bedeckung seines hauptes nim̃ermehr getragen biß an sein letztes end/im schnee/regen vñ wind hat er gar keinen vnterscheid/ dann er trůg weder hůt noch kappen/dañ ich hab jn zů vielmalen gen Colmar zů marckt sehen gehen on ein hauptdecke oder hůt. Als nů sein zeit kam / das er vō Gott angegriffen/ vnd in dz todbeth kom̃en ist/haben jn seine freunde ermant/ er sol beichten/ vnd sich zů dem hochwirdigen Sacrament schicken wie ein Christen mensch. Sagt er: Lieben kind vñ freund/bringt mir ein from̃en priester/ so da vntödlich sey/so jr mir den bringt/ bin ich vrbittig alles das zů thůn/so jr an mich begeren. Auff solche antwort wentē seine freund allen fleiß an/ brachten jhm etwa manchen Priester zůwegen/ aber keiner vnter denen allen wolt jhm anmůtig sein/ wiewol auch der aller frömbsten vnnd Geistlichen Vätter/ der Obseruantzen darunder waren/ so jn Engelische süsse wort vnterstunden zů bereden/ aber alles vmb sonst was/ dann er sagt/ er spürte wol ein eusserlichen schein an jhnen/ aber jhr hertz wer weit anders gesinnet. Also starb der gůt Schandene/ vñ ward von den geistlichen als ein vngleubiger geacht/ verschůffen auch das man jhn ausserhalbē der geweychten vergrabē/ wo aber oder wie die Seel gefaren sey/ steht zů Gott/ ð weyß welcher der frömmest ist/ dann er aller hertzen erkündiger vnd erforscher ist. Der vergeb vns allensamen alle missethat/ vnnd verleyhe vns ein seliges end/ Amen.

Von

Von einem Narren im Taubenhauß.

ES hat der hochgeborne Fürst Marggraff Ernst von Baden/ einen Narren an seinem Hof/der hieß Contz/der was hübsch/jung vnnd starck/vnd gerad von Person/der gefiel einer reichen Witfrawē (so auch in der selbigen Stadt wohnet/da der Marggraff dazůmalen Hof hielt) gar wol/ derhalben sie im nachstalt. Eins tags begab es sich/das sie jhn heymlich in jhr hauß bracht/das es niemandts gewar ward. Also trůg sie jhm gesottens vnnd gebratens/deßgleichen wein vnd brot auff/vnd füllet jhm sein haut gar voll/ vnd hielt jn also ein zeitlang bey jhr im hauß heymlich verborgen/dañ sie sonst gar einig on ein magd oder köchin hauß hielte. Als nůn der Fürst des Narren manglet/vnd jn in etlich tag nicht am hof gesehen/ließ er allenthalben in der Stadt nach dem Narren fragen/ob jn jemands gesehen hette/aber man kunt

 nicht

nicht erfaren wo der Narr hinkommen was. Das stund also an biß an vnseres Herrn Fronleichnams tag / welches ein grosses Fest ist / als den̄ tregt man in der procession den Him̄el vnd Sacrament darunder vmb. Als nůn der tag kam / růst sich die gůt Witfraw / so den Narren eingethan auch / vnd wolt auch zůr Kirchen gehen / vnnd ein mal Geistlich sein / aber sie wußt nicht wo sie mit dem Narren hin solt. Also besin̄t sie sich / vnd verspert den Narren in ein groß Taubenhauß / so sie oben im hauß hatt / vnd geht sie in die Kirchen. Wie man nůn mit der processiō anhebt zůgehn / fieng man mit allen glocken an zůleuten / als sie aber für der Witfrawen hauß / darinn dan̄ der Narr im Taubenhauß stecket / kamen / hielt man da still / vnd sang man ein Euangelium. Als nů der Narr das erhort / brach er das Gitter auff / vn̄ stieß den kopff hinauß / vnd wolt sehen was es für ein wesen wer. Als er nů hinauß sahe / vn̄ das groß volck in der Procession sihet / so ersiht er on alles geferd den Marggraffen mit seinem Hofge-

sind.

sind. Also hebt er mit lauter stim an zů-
schreyen/ vnd rüfft: Marggraff Ernst/
Marggraff Ernst. Der Marggraff sa-
he vmb sich / hort den Narren wol rüf-
fen / aber wußt nit wo er was. Zůletzt
aber erblickt er den Narren. So das der
Narr ersihet / spricht er : Marggraff
Ernst/ oho / ich meyn ich hab eine gůte
kleine sach/ man gibt mir gůten Wein/
vnd gůt brot/ vñ gůt fleysch/ gesottens
vnd gebratens / vnd das mir am besten
schmeckt/ man bacht mir gůte küchlen/
vñ gibt mir alles was ich nůr wil habē/
vnd weñ ich bey dir bin/ so můß ich holtz
vñ wasser tragen/ vñ schlecht man mich
vbel darzů/ vnd was ich sonst darzů zů-
schaffen habe/ das wolt ich dir sonst nit
sagen. Jch wil dir aber das zůsagē/ das
ich kurtzumb nim̃er zů dir wil / darnach
wisse dich zůrichten. Der Marggraff
vnd sein Hofgesind sampt allem Volck
sahen das hauß an / vnnd fiengen an zů
lachen. Des anderen tages schicket der
Marggraff ein diener nach dem Nar-
ren/ vnd ließ jn holen. Vnd ward die gůt
Widfraw jhres entlehneten dieners be-
raubt/ vnd darzů verspott. Ein

Ein kluge antwort eines Rathßherren.

IN einer namhafften Stadt (der Namen ich dißmal von des besten wegen zů nennen vnterlassen wil) saß ein reicher Mäyer/ welcher auch ein Raths freundt was/ vnd darbey ein Weltweiser geschickter Ley. Es was aber ein Burgermeister inn derselbigen Stadt/ gar eines sterigen kopffs/ grimm vnd Tyrannischer art. Derhalben jm niemands nichts einredē dorfft/ vnnd entsatzte sich eine gantze Burgerschafft vor jm/ was er auch in seinem sinn fürnam/ vnterstund er hindurch zůtrucken/ es wer gleich billich oder nit. Nůn trůg es sich auff ein zeit zů/ das gedachter Burgermeister auff einen tag/ von wegen der Stadt geschickt ward/ sein ampt vnd Burgermeisterat einem andern biß zů seiner zůkunfft vbergab/ damit man dannocht in seinem abwesen Rath vñ gericht haltē möcht. Es trůg sich in deren zeit zů/ das im Rath etwas

ernstlichs

ernstlichs gehandelt ward / so der stadt zwing vnd bann belanget. Also geschahe ein gemeyne vmbfrag / vnnd sagt ein jeder sein gůtbeduncken darzů. Die frag kam auch zů letzt an den obgemelten Raths freund / der nam sich an / als weñ er hart entschlaffen were / als man jhn aber zům andern mal fraget / thet er der gleichen / als weñ er erst auß dem schlaff erwacht wer / vnd sagt: Ich folget dem Obersten meister / vnd nañt damit den / so auff dem Landtag was bey seinem nammen. Es ward je einer den anderen ansehen / Auch der jenig so vmbfraget / sagt: Wie können jhr es dem Obersten meister folgen / dieweil er nicht zůgegen ist? Baldt antwort diser: Darum̃ (sagt er) folge ichs jm / machen jrs wie jr wöllet / vñ wendet nůr allen fleiß an / wenn er heym kompt / vnd es jm nicht gefellig sein / wirdt er das nach seinem gefallen machen / darumb folge ichs jhm. Diese wort bedachten vnnd erwogen die andern Herrn gar hoch / dz ein gantze stadt nůr auff einen Mann solten sehen / er hette gleich recht oder letz. Vnnd ward

dieser

dieser Mäyer in nechstfolgender endeꝛung eines Rathß deren hohen heupter eines / der dann den Burgermeister inn vnbillichen sachen dapffer einredt / vnd die sach zům theil in einander ordnung bracht.

Ein Weib hieß jren Mann auß dem Hauß bleiben / biß der staub vergieng.

EIn kurtzweiliger junger Mañ so erst newlich in die Ehe komen was / hatte ein Witfrawen genommen / welche vormals ein Bawrßmann gehabt. Diser aber was ein maler vnd gar ein visierlicher mensch / die gůte Fraw aber hatt der malerey gar nit gewonet / blieb auff jrem alten gebrauch. Weñ sie morgens die stuben feget oder schweyffet / spritzt sie die gar nicht / darnon sich dann ein grosser staub erhub / welches dañ die Maler sonderlich gern in farben vnd an der arbeyt haben / voꝛ ab wenn sie von ölfarben malen. Eins abends

abends hatt der güte Mann genůg getruncke͂/ also das er den künfftigen morgen etwas lenger schlieff dann sein gebrauch was. Als er aber jetzt auffgestanden/ vnnd sich angethan/ wil er eillends vber sein arbeyt/ eillet in die stuben/ die hatt die gůt fraw aller erst gefegt/ vnd aber nicht begossen/ also das ein grosser staub in der stuben was. Der Mañ war zornig/ schalt die fraw darumb. Sie saget: Kanst du nit ein weil hinauß spatzieren gehn biß der staub vergeht. Der gůt Mañ fasset die wort in sein öhrlin/ nam sein degen vnnd rock/ gieng auß zů gůten gesellen/ fieng die sach wider an/ da er sie am abend gelassen hatt/ treyb das also auff acht tag. Als die verschienen waren/ nam er ein gůt bursch zů jm/ fürt die mit jm heym. Es ware͂ aber sein stub vñ stubenfenster auff der erde͂/ das man wol hinein sehen mocht. Als er nun für das hauß kam/ stieß er mit erst den kopff zů fenster hinein/ vñ schrey: Fraw ist der staub vergange͂/ so wil ich hinein komen. Antwort das weib: O ja lieber Hans (also was sein namm) er ist gar hinweg/ gang nůr herein/ ich wil dir keinen solchen staub mehr machen/ vnd fürbaß die stuben dest baß begiessen. Also nam er sein gůte gesellen mit jm hinein/ gab jnen ein trunck/ vnd waren alle sachen gericht. Darumb jr Weiber seyt gewarnet/ jhr habt rauch oder staub im hauß/ heyst darumb nicht die Männer hinauß gehen/ dann jn sonst von natur angeboren ist/ das sie nicht gern daheime bleiben.

Von einem den sein eigner Vatter inn seiner Kranckheit nicht wolt zů jhm lassen.

Es wohnet zů Keyserßberg im Elsaß/ ein gůter alter Priester/ der was gar alt/ er kame inn ein schwere vnd grosse kranckheit/ also das man jhm stetigs wachen můßt. Als er nůn lang gelegen/ vnnd gantz abkommen was/ vnd nichts anders mehr vorhanden war dann der Todt/ vnd jetz in seinen in letzten zügen lag / triebe auch das auff drey gantze tag / das er weder ſterben noch geneſen kunte. Nūn was ein gůter freundt ein Burger bey jm / ſo ſeiner wartet / Es begab ſich das derſelb eines tags vnter des Pfaffen haußthüren ſtund / ſich zů erkülen / vñ den gůten

lüffte zů entpfahen. Vō vngeſchickt gehet für das Hauß ein vppiger verwenter vogel / der was ein Weinleyter / vaß zieher / oder wie man ſie an etlichen orten nennet / Weinſchröter / ein groſſer Speyuogel / derſelbig hat von der herben zeit / ſo der kranck Prieſter hat / auch hören sagen / dann sein die gantz stadt voll was. Er fragt den so vnder der thüren stund / ob der Priester noch nit verscheiden wer? Dieser sagt: Neyn / er ligt noch in zügen / kan weder sterben noch genesen. Diser sagt widerum̃: Lieber laß mich jn besehē. Also giengē sie mit einanď zů dem krankē. Der vnnütz vogel / bald er den krancken ersicht / sagt er: laß mich machen / ich sol jm der marter bald abhelffen / darmit zucket er dem krancken das küssen / so er vnder seinem haupt hatte / gantz freuenlich hinweg / vonn stundan verschiede der krancke. Kurtzlich darnach begab es sich das des faßzihers vatter auch tödlich kräck ward / also das man jm auch warten vnd wachen můßt. Als nůn sein son zů jm kam / wolt jm wachen / ward der Vatter laut schreyen / Auß du lecker du bůb / geh nůr nicht zů mir / du wůrdest mir sonst auch das küssen vnder dem kopff hinweg ziehen. Also můßte er hin vnnd weg / vnd dorffte bey seinem eigenen Vatter nicht bleiben. Also mag sich noch mancher an eim andern krancken versündigen /

gen/das jn Gott straffet/ vnnd jhm die gnad entzeucht/ das er auch bey seinen eignen freunden nicht sein kan/ in jhrer kranckheit/ vnd letzten nöten.

Ein schwab fragt was Reinfal für ein tranck were.

EIn güter einfaltiger Mann auß dem land zü Schwaben/ zog inn das Jubeljar gen Rom/ mit andern seinen Lantzleuten/ wolten da grosse gnad vnd Ablaß erlangen vnnd holen. Als sie nü in Jtalien kamen/ hat man jn die güte süssen Welschen wein fürgetragen/ die sie mit grossem lust vñ begierd getruncken haben. Eins tags trüge sichs zü/ das sie bey einem Teutschen Würt (deren es dann auff der strassen in Jtalien viel hat) einkerten/ derselbig was ein sonder grosser Speyvogel/ sahe wol das den Schwaben der Trunck wol schmackt/ vnnd anmütig was/ trüge jhnen derhalben den besten auff so er im keller hat. Als jhnen nun der anfieng ins haupt zů riechen / ward jhe einer den anderen fragen / was doch diß für ein getranck were. Der ein sagt diß / der ander das. Zůletzt růfftē sie dem Würt herzů / fragten jhn was doch diß für ein tranck were / ob es auch an Reben wůchß / oder ob man das machet / wie die andern trenck / als Bier / Alet / vñ lauter tranck? Als der Würt jr einfeltigs fragen vernam / sagt er: Meine lieben Bilger / ich wils euch nicht verhalten / Es ist kein gemacht tranck / sonder kompt also vom Himmel herab fliessen / wenn die lieben Heiligen weynen / so gibet es solche süsse trähern / die heben wir dann also auff / vnd wirt ein sölches süsses tranck darauß. Als baldt fieng ein einfeltiger Schwab an inniglichen zů weynen / vnd sagt: Ach jhr lieben Heiligen / was thůn wir Schwaben euch zů leyde / das jr nit auch vber das Schwabenland ewre trähern auch außgiessen. Diß můßten die andern alle lachen / das der gůt einfeltige Mensch dem Würt seiner worten so baldt geglaubet hatt /

wiewol

wiewol sie selb auch noch für kein eigenschafft wusten / was für ein tranck das gewesen was. Aber es ist gemeinlich inn aller Welt der brauch / welcher einfeltig / fromb / schlecht vnnd gerecht ist / da hilfft jederman zů / damit er noch mehr gesatzt vnd vmbgetrieben wirdt / das nimb ich bey mir selbs ab / dann ich meiner einfalt halben auch offt můß gesatzt sein.

Wie ein Schneider in Himmel kompt / vnd vnsers Herrgotts fůßschemel nach einer alten Frawen herab wirfft.

Es hat sich begeben an einem schönen tag / das vnser Herrgott spatzieren wolt gehen / vnd nam all seine Apostel vnd Heiligen mit jhm / also das niemands daheym im Himmel blieb dann allein S. Peter / dem befahl er / das er gedechte vnnd niemands einliesse / dieweil er auß wer / vnd zoch also

 daruon.

daruon. Nun kam ein Schneider für den Himmel / der klopffet an. S. Peter fragt/wer da wer/vñ was er wolt? Der Schneider sagt: Ich bin ein Schneider/ vñ wolt gern in Himel. S. Peter sprach: Ich darff niemands einlassen/ dann vnser Hergott ist nicht daheymen/ vnnd wie er hinweg gieng / verbotte er mir/ ich solt gedencken/ vnnd niemands einlassen/dieweil er auß wer. Aber d schneider ließ nit nach Sanct Petern zů bitten/ vnnd bewegt jn mit seinem langen bitten dahin / das er jn verwilliget hinein zůlassen / doch mit dem geding/ er solte inn einem winckel hinder der thůren fein zůchtig vnnd still sitzen / damit wenn vnser Hergott keme / das er seinen nicht warneme/vnd zornig würde/ das verhieß er jm. Also satzt er sich hinder die thůren in einen winckel/ vnnd so baldt Sanct Peter für die thůr hinauß gehet/ stehet der Schneider auff/ vnnd gehet in allen winckeln im Himmel herumb/ vnnd besihet eins nach dem anderen. Zůletzt so kompt er zů vilen schönen vnd köstlichen stůlen/ vnter welchen in

der

der mitt ein gantz güldener sessel stund/ darinn vil köstliches Edelgesteyns versetzt was / es was auch viel höher dann der anderen stül keiner / vor welchem auch ein güldner füßschemel stund/auff demselben sessel saß vnser Herrgott weñ er daheym was. Der Schneider stund still vor dem Sessel ein güte weilen/vnd sahe jn stetigs an / dann er jhm am aller besten vnter den anderen gefiel. Also gehet er hinzü/vnnd setzt sich in den sessel. Wie er nün also sitzt / sihet er nidsich/ vnnd sihet alle ding was auff Erden geschicht/ vnter anderem aber ersihet er ein alte frawen/ welche jrer nachbäwrin ein vnterband garn stielt / darvon dann der Schneider erzürnet/nimmet den Güldenen Füßschemel / vnnd wirfft den nach der alten frawen/durch den Himmel auff die Erden hinab. Da nün der Schneider den Schemel nicht mehr erlangen mocht/ schlich er hübschlich auß dem Sessel/ vnnd satzt sich wider hinder die Thür / an sein altes örtlein/ vñ thet dergleichen als weñ er nirgēds da gewesen wer. Als nü vnser Herr

gott wid heym kam/ward er des schnei=
ders nicht gewar/ wie er sich aber in sei=
nen Sessel setzt/mangelt er seines schä=
mels. Also fraget er S. Peter/ wo sein
schämel hinkommen sey. S. Peter sagt/
er wißt es nit. Da fragt er weiter: Wer
ist da gewesen/hast niemand herein ge=
lassen? Er antwort vnnd sprach: Ich
weyß niemand der hinnen ist gewesen/
dann ein Schneider/der sitzet noch da
hinder der thüren. Da fragt vnser Herr=
gott den Schneider/vnnd sprach: Wo
hastu mir mein schämel hingethã? hast
du jn nicht gesehen? Der Schneider er=
schrack/gab mit forcht vnd zittern ant
wort/vnnd sprach: Ich bin in deinem
Sessel gesessen/ vnd hab gesehen wie da
vnten auff Erden ein alte Fraw jhrer
nachbäwrin ein vnterband garn gesto=
len hat/darab ich erzürnet bin worden/
vñ hab den fůßschemel nach jr geworf=
fen. Da ward vnser Herrgott zornig v=
ber den Schneider/vnd sprach: Hey du
schalck/solt ich so manchs mal ein sche=
mel nach dir geworffen haben/als offt
du zů vil gern geschnitten vnd ins aug

geschoben

geschoben hast/ich hett weder stül noch benck mehr im Himmel. Also ward der Schneider für den Himmel herauß gestossen/ vnd jm sein presten vnd mangel auch entdeckt vnd ans liecht herfür gezogen worden. Es ist auch zübesorgen man find deren noch viel jetzt zü vnsern zeiten / so einer der in einem laster kaum eins strohalms tieff steckt rechfertigen vnnd straffen wöllen/ vnnd aber sie gar darinn ersoffen sind.

Ein Münch wolt ein sattel heymlich vnd verborgen in das Kloster tragen/den verraten die Stegreyff.

IN einem Kloster wz ein grosser baumstarcker Münch/ d hatt auff ein zeit ein bülschafft vberkommen/das war gar ein kleine person. Der güt frater hett sie gern im Kloster in seiner zellē gehabt/kūt sie aber durch kein mittel noch weg hinein bringen/zü dem was jhm der Portner abgünstig/

wolt jhm derhalben nit durch die finger sehen / wie vielleicht den andern brůderen. Der Münch erdacht jm ein sondern list / wie er sie hinein bringen wolt. Er was Procurator oder schaffner im kloster / darumb er dañ mehr freyheit hatt vber die zeit außzůbleiben dann die andern. Eins mals name er sich abermals geschefft an / kam gar spat heym / hatte das gůt Dirnlin auff den Kirchhof bescheydē / da solt sie seiner an einem heymlichē ort wartē. Er fand sie nach seinem befelch / erwischet sie mit seiner sterck vnter seine arm / trůg sie gantz leichtfertig vnter der kuttē daruon / kam an die Porten / schellet an. Der Portner ließ jn ein / fraget was er vnter der kutten verborgen trůg. Jch můß morgen reyten / sagt der Münch / hat mir ein gůter freundt ein sattel geliehen / dann mein sattel ist mir zerbrochen. Dem gůten Töchterlin giengen die füß vnter der kuttē ein wenig herfür / daran hatt sie zwey weisse schůlin / sie aber meynt sich gar wol verborgen haben. Der Portner ersahe die aber / vñ sagt zů dem Münch: Herr hebt

die

die stegreyff ein wenig baß auff/ sie werden euch sonst den Sattel verrathen. Da das der Münch erhort/ erschrack er fast vbel: dann er sorget/ der Portner würd jn verrathen/ das man den sattel hinder jm suchen vnd finden würde/ darumb er seinen güten sattel wider lauffen ließ/ bat den Portner still züschweigen/ seine bitte aber halff so viel als sie mocht.

Ein Narr kundt beten/ wust aber nit welches hinden oder vornen gehört.

IM Brißgaw wonet ein gar thorechtiger einfeltiger mensch/ der gantz närricht vnnd kindisch was/ hatt aber dannoch von güten fromen Leuthen/ bey welchen er tegliche beywonung vnd sein vnterschleyff hatte/ lernen betten/ galt jhm aber gleich welches er züuor bettet/ den Glauben oder das Vatter vnser/ vnd wenn man jhn dann fraget: Lentz wie bettest du also durch einand/ vnser Herrgott kan nicht

nicht darauß kommen. So antwortet er: Ho wil er nicht darauß kommen/so bleib er darinnen stecken. Zůletzt aber brachten sie jhn auff die ban / das er ordenlich betten lernet/ so das / wer jn höret/sich darab verwundert.

Einer vergaß der Stadtporten Schlüssel im Thurn.

ES ligt ein Städtlin im Brißgaw / da haben sie einen brauch oder gewonheit/dz man alle Fronfasten oder Quatember/ einem Burger die Schlüssel zů der Porten befihlt zůverwaren / der můß dann allwegen abends vnd morgens/so man die Porten auff oder zůthůt/ zůgegen sein/ vñ demnach die Schlüssel(vermög des eyds/so er darüber gethan)wider verwarẽ. Nu was einer inn gemeltem Städtlin / gar ein seltzamer Brůder / an dem was das Quatember / das er die Schlüssel verwaren solt. Es begab sich auff ein zeit/ das

das er die Porten hat helffen züschliessen/ gieng dem nach zü seiner Bursch/ tranck sich gar voll Weins/ kam auch mit grosser mühe nach mitternacht zü hauß/ was dennoch so bedacht/ das er sein Weib nicht wecken wolt/ steyg auff einen stall/ vnd legt sich auff einen häw hauffen schlaffen/ lag also in güter hüt/ schlieff des morgens biß die Sonn hoch vber alle Berg auffgangen was/ vnnd gar weit im tag war/ niemandt wußt wo der mit den Schlüßlen hinkommen war/ man sücht jn hin vnd wider/ dann die Hirten ein güte zeit mit dem Viehe an der Porten gehalten. Zületzt fande man den güten Schlemmer auff dem häw schlaffen. Also wackten sie jn auff/ er eillet schnell seinem befelch nach/ vnd schloß die Portē auff/ stieß darnach die Schlüssel wider in seinen büsen. Der bescheidt aber was gegeben/ so baldt er die Porten auffgeschlossen hette/ solte man jhn den nechsten in Thurn füren/ das geschahe also. Auff den abendt als man die Portē wider züschliessen wolt/ schicket man zü jhm in Thurn vmb die

schlüssel/

schlüssel/ das er anzeygen wo die zů finden weren. Er sagt/ Wo solten die anders sein dann da sie sein sollen/ ich hab die hie bey mir im bůsen. Also sagten die gesandten/ so gibe vns die herauß/ dann es ist also der Herren befelch/ damit man die Porten zůschliessen könne. Der gefangen saget: Das wölle Gott nicht. Ich glaube auch nicht/ das mir meine Herren solches zůmůten werden/ dann wo ich die Schlüssel andern solte geben zů verwaren/ so thete ich jhe meinem Eyde nicht genůg/ sie sind mir vnd keinem andern befohlen/ hatt auch auff dißmal kein anderer dann ich darzů geschworen. Diese antwort zeyget man den Herrn an/ was solten sie thůn/ dann das sie befelch gaben/ man solt jn wider auß dem Thurn nemmen/ vnnd jhn die Porten selbs heyssen zůthůn. Es wolten auch die Herren on das keinen ernst mit jhm brauchen/ sonst hette man die Schlüssel wol von jhm bringen mögen. Also vntersagt mā jm sonst mit rauhē vnd sträfflichen worten/ er solt sich hi[n] für baß hüten/sonst wölt man jhm eins mit dem andern messen.

Einer trug leyd für seinen Vatter in einer gelben Kappen.

ZV Colmar im Elsaß waren zween gebrüder/jr Vatter war ein Schůhmacher/ ein alter betagter Mann. Der älter Sohn was auch ein Schůmacher/gar ein bescheydner mañ. Der jünger was ein Maaler/gar wild/wunderbarlich/vnd gar verthůig/wie dann der Maaler brauch ist. Dann so baldt er ein batzen verdient/so waren sechs Creutzer zůuor verthan/kam offt darzů/das er kunst vnd kunstladen versatzt/damit er gelt zům schlam̃ vberkeme. Es begab sich das jr Vatter mit tod abgieng/vnd man jn nach Christlicher ordnung solt zů grab tragen. Der älter Son thet sich gantz schwartz an/hieng ein leyd zipffel an sein halß/wie sich dañ gebürt. Der jung aber d Maler hatt ein schwebelschwäbelgelbe Frantzösische Kappen/ die er gewont was zůtragen/kam darin in seines Vatters hauß gelauffen/wolt auch der Leich nachgehen. Der brůder vnnd andere freundtschafft sagten/er solt seines Vatter seligẽ schwartzen rö-

cke einen anthůn/dann es gebůrte sich nicht/das er also in der gelben Kappen der Leich nachgienge/dieweil sein Vatter so ein ehrlicher Mañ vnd des raths gewesen wer. Er aber beharret in seiner Kappen. Als aber die freundtschafft nit nachlassen wolt/er solte ein schwar-

zen rock

tzen rock anlegen/sagt er: Das euch botz marter all mit einander ob einem hauffen schende/ es ist mir der Todt meines Vatters wol so leyd/ inn meiner gelben kappen/ als meinem Brůder/ schwager vnnd euch allen mit einander in eweren schwartzen röcken/ jr werdend mir auch keinen andern rock zů diesem mal anbringen. Also můßten sie jhm recht sein weiß lassen.

Ein Trescher fellt von einem Kornstock.

IN einer Scheuren waren etlich Trescher bey einander/ so ein gemeyn verding angenommen hatten/ den gantzen Winter zů treschen. Es begab sich auff einen tag/ das sie auffwannceten/ vnd jetzund wider anlegen solten. Der eine vnter jhn stieg zů oberst auff den kornstock/ vn̄ warff garben herab auff das theñ/ wie er aber die schantz hatt vbersehen/ ist er von oben herab gefallen auff die garben/ so er zůnor herab geworffen hat/dauon jm gar wehe beschehen. Seine anderen gesellen erschrackē deß falls sehr vbel/lieffen hinzů/meynten er wer den halß gar abgefallen. Dem gůten kerle was jetzund die onmacht wider vergangen vnnd zů jm selbs kom̄en. Als er auffblicket vnd seine gesellen ersiht/hebt er an mit lauter stim̄ zůschreyen: O mordt lieben gesellen/laufft baldt/bringt schlüssel her/vnd brecht mir das maul auff. Der gůt schweyß meynet/jhm wer das maul zů/vnnd schrey doch/das es in der gantzen schewren einen schall gab.

Ein Kauffmann schütt bruntz in ein gewand kasten.

EtLiche Kauffleuth füren ghen Franckfurt in die Mess/zů Metz kamen sie in ein Herberg/darinn sie vber nacht bliebē. Nů was einer vnter jnen/so mehr sorgsam vñ angsthafft war/dann die andern alle/derhalben er zů nacht nit schlaffen mocht/vnd wo sie in einer herberg vber nacht lagē / stund er offt in der nacht auff / vñ sahe wañ es tagen wolt. Nun lagen sie zů Mentz in einer kam̃ern / dariñ stund zů nechst bey seinem beth ein groß kensterlin oder gewandkasten mit vil daaten vñ thürlin. Der gůt Kauffmañ nach seiner gewonheit stund aber etlich mal inn der nacht auff / wolt nach dem tag schawen / vnd wenn er meynt den kammerladen auffthůn / thete er allewegen ein thürlin an dem kensterlin auff / stieß den kopff hinein / so was es gar finster / solches thet er etliche mal. Zůletzt ward jm von nöten / vñ wasser abzůschlagē / stund auff / nam die kachel vnter dem beth / thet sein notturfft darein / thůt die thür am Kasten auff / vnd schütt den harn gantz freuentlich in den kasten / das er jhm wider zů ruck in das angesicht spritzet / erst ward er gewar / wo er die Nacht hin gesehen hatte. Er fieng heymlichen an zů flůchen vnnd schelten / seine anderen gesellen erwacheten darab / fragten jn was jhm begegenet wer. Als er jhnen das sagt / verhoffet sie würden ein mitleiden mit jhm haben / fiengen sie erst an sein spotten / vnnd můßt die gantze reyß biß er wider heym kam also jhr fatzmann sein.

Ein Bawer fand ein krentzlin auff einer hochzeit / geriet jhm dardurch / das er ein gůt maal aß.

Ich hab eines gůten Gesellen kundschafft gehabt / der war ein Bawrßman / aber ein schamparer / schwetziger vñ kurtzweiliger Mañ.

Es

Es begab sich auff ein zeit/das er zinß-
korn in ein Stadt fürt / deren nammen
ich hie vnterlaß anzůzeygen. Nůn was
in derselbigen Stadt ein grosse Hoch-
zeit/ darauff vil ehrlicher leuth auß an-
deren Stådten geladen waren. Als nůn
der Kirchgang volbracht was/ vñ man
jetzund zů dem Imbiß gehen solt / hat
einer der Hochzeit Mäñer seinen krantz
vom hůt oder paret fallen lassen/ den-
selbigen hat gemelter Bawrßmañ fun-
den / vnd auff seinen hůt gesteckt/ ist al-
so dem brautuolck nachgefolget biß an
das ort / da der Imbiß bereyt gewesen
ist. Also haben die so darzů verordnet
jedermann einem jeden nach seim stand
vñ wirden zůtisch gesetzt. Als man aber
schon gesessen / ersihet einer des Breu-
tigams verwandten den Bawren mit
dem krantz/ fürt jn von stundan hinauff
in die stuben / setzt jhn zů einem tisch zů
andern karchern/ so die frembden braut
leut dargefürt hatten. Der gůt Bawr
nams zů grossem danck an / zecht vnnd
was gůts můts. Als nůn der Imbiß
vollendet was/ nam der bawr acht auff

 den/

den/so jn hat zů dem tisch heyssen sitzen. Er nam freundlich vrlaub von jm/ dan=cket jm des gůten mals. Wie/sagt diser/ wil dann ewer Volck so baldt vom Hof scheyden? Der Bawer sagt: Ich weyß von keinem Volck gar nichts / ich hab meinen Junckern zinß bracht/hat mich vnser Herrgott diß gůtē mals beraten/ hab ich recht mit danck angenommen. Wolan/ saget diser/ mein freund/ist dir etwas gůts beschert/so nim̄ es zů danck an/vn̄ laß es bey dir bleiben. Das bäwr=lin wischt das maul/ nam vrlaub/vnnd fůr wider daruon.

Ein Maaler wust keinen Teutschen Mann in seiner kleydung zů malen.

EIn Edelman̄ verdingt einem Maler ein Saal zůmalen/ welch=er gar ein kunstreicher gůter ma=ler was/ des Edelmanns verding was/ das er jm allerley Nationen vn̄ Völcker mit jrer kleydung/ vnd wie sie gehn/ ma=

wehren vnd jrer gewönlichen kriegßrü-
stung malen solt. Das alles malet er jm
gar artlich vñ künstlich/ als das Juden/
Dattern/ Heyden/ Türcken/ Griechen/
Saracener/ Araber/ Indianer/ in sum̃a
kein volck außgenom̃en/ sond die Teut-
schen. Als nü der Edelmañ das gemeld
besichtiget/ vñ jm alle ding gar wol ge-
fallen/ hat jhm allein gemanglet/ das er
die Teutschē in jr kleydung nit gesehen/
darumb er verursachet ward/ den Mei-
ster zü fragen/ was die vrsach sey/ das er
die Teutschen außgelassen hett? Dar-
auff der Maaler geantwort/ es sey jhm
nit müglich/ dañ er wisse jnen kein kley-
dung zü machen. Als aber der Edelmañ
die auch haben wöllen/ hat der Maaler
einen gantz nackenden Mañ gemacht/
vnd jm ein grosse bürde thüch auff dem
rucken gemacht. Hat der Edelmañ ge-
fragt/ was er damit gemeynt/ das er ein
nackenden Mann dahin gestellet hab.
Darauff er geantwort: Junckherr/ die
Teutsche kleydung zü malen ist keinem
maler in der gantzen welt müglich/ dañ
sie alle tag etwas newes herfür bringē/

 man

man kan schier Teutsch noch Welsch von einander erkennen. Diß thůch aber hab ich jm darumb auff den rucken geben / das ein jeder mag daruon nemen/ vnd jhm den nackenden Teutschen/ ein kleyd nach seinem gefallen machen/mit dieser verantwortung was der Edelmann gesettiget / vnd můßt dem Maler gewunnen geben. Diß ist vngefehrlich vor 30. Jaren geschehen. Nůn wolt ich gern wissen / wenn jetzund einer einen Teutschen malen wolt/ wie er doch die sach angreiffen wolt / also gar ist die Welt entwichtet/man sehe doch nůr an dẽ grossen vberschwencklichen můtwillen vnnd vnkosten der schendtlichen vnd lesterlichen ploderhosen.

Ende des Rollwagen Büchlins.

Nůn folget hernach das Register.

Register vnnd kurtze anzeygung an welchem Blat ein jedes zů finden sey.

Register.

Ein

Register.

Von

Einer

Register.

zwentzig.

Ende des Registers.

Getruckt zů
Franckfurt am Mayn/ bey
Martin Lechler/ in ver-
legung Sigmund Fei-
erabend vnd Si-
mon Hů-
ter.

Anno M. D. LXV.

www.ingramcontent.com/pod-product-compliance
Lightning Source LLC
Chambersburg PA
CBHW021126270326
41929CB00009B/1068

* 9 7 8 3 3 3 7 2 1 5 9 4 1 *